1001 pensées

Le zen
[1001 pensées]

Conçu et réalisé par Copyright
pour les Éditions Solar

Collecte des textes : Céline de Quéral

Création graphique : Marina Delranc

Coordination éditoriale : Céline de Quéral

Réalisation photogravure : Frédéric Bar

Fabrication : Stéphanie Parlange et Cédric delsart

ISBN : 978-2-263-05582-9
Code éditeur : S05582
Dépôt légal : octobre 2011

Le zen

[1001] pensées

Sommaire

Un temps pour apprendre

Pour chaque minute où vous êtes en colère, vous perdez soixante secondes de bonheur.

Ralph Waldo Emerson, *The Conduct of Life* (1860)

Ce n'est pas que nous manquons de temps, c'est surtout que nous en perdons beaucoup.

Socrate

Connais-toi toi-même.

Inscription au temple de Delphes

Chaque instant est bonheur à qui est capable de le voir comme tel.

Henry Miller

Un jour en vaut trois pour qui fait chaque chose en son temps.

Proverbe chinois

Aujourd'hui est le premier jour du reste de ma vie.

Jacques Salomé

Si tu ne sais pas te servir de la minute, tu perds l'heure, le jour et la vie.

Alexandre Soljénitsyne, *Le Pavillon des cancéreux* (1968)

Je ne vis ni dans mon passé ni dans mon avenir. Je n'ai que le présent, et c'est lui seul qui m'intéresse.

Paulo Coelho, *L'Alchimiste* (1988)

LA MAGIE DE LA VIE ÉMERGE EN REMERCIANT CHAQUE INSTANT.

Anne van Stappen, *Ne marche pas si tu peux danser* (2009)

Vous qui cherchez le chemin, je vous en prie ne perdez pas le moment présent.

Shitou Xiqian, *Sandokai* (VIIIe siècle)

Sois heureux un instant. Cet instant, c'est ta vie.

Omar Khayyam, *Quatrains* (XIe-XIIe siècle)

Autorisons notre esprit à se détendre : une fois reposé, il aura gagné en qualité et vivacité.

Sénèque, *Sur la tranquillité de l'âme* (entre 47 et 62)

Si nous étions capables de nous permettre de temps en temps de prendre une journée de repos, en cessant d'essayer d'être quelqu'un, mais au contraire, d'être simplement, nous serions sans doute bien plus heureux et plus détendus.

Jon Kabat-Zinn, *Où tu vas, tu es* (2004)

Que ta vision soit à chaque instant nouvelle. Le sage est celui qui s'étonne de tout.

André Gide, *Les Nourritures terrestres* (1897)

Là où sont tes pensées, tu es. Veille à ce que tes pensées soient bien là où tu veux être.

Rabbi Nahman, *Contes et Allégories* (XVIIIe-XIXe siècles)

Ce à quoi on s'oppose persiste.

Carl Jung

**Au plus fort de l'orage,
il y a toujours un oiseau
pour nous rassurer.
C'est l'oiseau inconnu,
il chante avant de
s'envoler.**

René Char,
Les Matinaux (1950)

**Calamité qu'une âme inquiète du futur
et malheureuse avant le malheur…
Or perdre une chose ou en redouter la
perte cela revient au même.**

Sénèque, *Lettres à Lucilius* (63-64)

En cherchant à hâter les choses, on manque le but. Et la poursuite de petits avantages fait avorter les grandes entreprises.

Confucius

*Je ne me soucie
pas du futur
si je suis maître
du présent.*

Cicéron

CONSIDÈRE QUE NE PAS OBTENIR CE QUE L'ON VEUT EST PARFOIS UNE GRANDE AUBAINE.

Tenzin Gyatso, 14e dalaï-lama

Il n'est pas indispensable d'occuper chaque minute à travailler. Il y a quelque chose de sacré dans l'oisiveté, dont il est inquiétant aujourd'hui, que nous ne sachions pas la cultiver.

George MacDonald

Le temps est souvent beaucoup plus intelligent que les donneurs de conseils.

Yvan Audouard,
Les Nouveaux Contes de ma Provence (1987)

Changer le passé, les dieux eux-mêmes y sont impuissants.

Heinrich Heine

Ce que l'on fait avec le temps, le temps le respecte.

Rodin

Il vaut mieux enseigner les vertus que condamner les vices.

Spinoza, *Éthique* (1677)

La plupart des gens s'accrochent au passé, espèrent dans l'avenir et n'embrassent pas le présent. Seuls ceux qui savent apprécier ce qu'ils ont maintenant vivent pleinement.

Sûtra du Cœur

Désirez ce que vous avez et ne désirez pas ce que vous n'avez pas. Vous trouverez là une vraie plénitude.

Jack Kornfield, *Dharma vivant* (2001)

Attachons-nous à reconnaître le caractère si précieux de chaque journée.

Tenzin Gyatso, 14e dalaï-lama

Voir, entendre, aimer. La vie est un cadeau dont je défais les ficelles chaque matin, au réveil.

Christian Bobin, *Geai* (1998)

Ce qu'un homme ne dit pas est le sel de la conversation.

Proverbe japonais

Le plus haut degré de la sagesse humaine est de savoir plier son caractère aux circonstances et se faire un intérieur calme en dépit des orages extérieurs.

Daniel Defoe, *Robinson Crusoé* (1719)

Tranquillité dans le tumulte, c'est ce qu'on appelle perfection.

Edme Boursault

Il y a dans le silence une merveilleuse puissance de clarification, de purification, de concentration sur l'essentiel.

Dietrich Bonhoeffer

Le silence ne nous est pas donné pour rien, mais pour nous nourrir.

Arvo Pärt

Se préparer au pire. Espérer le meilleur. Prendre ce qui vient.

Confucius

Écoute ton cœur. Il connaît toute chose, parce qu'il vient de l'âme du monde, et qu'un jour il y retournera.

Paulo Coelho, *L'Alchimiste* (1988)

Le silence est la plus haute sagesse de l'homme.

Pindare, *Néméennes* (VIe-Ve siècle avant J.-C.)

Apprenez à contacter votre silence intérieur et sachez que, dans cette vie, toute chose a un but.

Elisabeth Kübler-Ross, David Kessler, *Leçons de vie* (2004)

Si tu es déprimé, tu vis dans le passé, si tu es impatient, tu vis dans le futur, si tu es en paix, tu vis dans le présent.

Lao Tseu

TIENS VIS-À-VIS DES AUTRES CE QUE TU T'ES PROMIS À TOI SEUL. LÀ EST TON CONTRAT.

René Char, *Feuillets d'Hypnos* (1946)

N'INTERROGEZ PAS LE SILENCE CAR IL EST MUET... C'EST EN NOUS-MÊME QUE NOUS DEVONS CHERCHER LA DÉLIVRANCE.

Bouddha

Gémir sur un malheur passé, c'est le plus sûr moyen d'en attirer un autre.

William Shakespeare, *Othello* (1604)

Se demander sérieusement tous les soirs ce que le jour nous a fait apprendre de neuf.

Georg Christoph Lichtenberg,
Le Miroir de l'âme (1773-1775)

LE SILENCE EST L'ÉLÉMENT DANS LEQUEL SE FAÇONNENT LES GRANDES CHOSES.

Thomas Carlyle,
Sartor Resartus (1831)

Chacun pense qu'il faut changer le monde, mais personne ne pense qu'il faut se changer soi-même.

Tishan

Il faut parfois s'arrêter d'agir pour faire œuvre profonde.

Emmanuel Mounier

Au sein de cet environnement instable et turbulent, un seul élément reste constant : le changement.

Tenzin Gyatso,
14e dalaï-lama

Chaud, froid, pluie, vent, maladie, prison et coups ; s'en inquiéter, c'est souffrir davantage.

Shantideva

ET CEUX QUI MÉDITENT SANS CESSE ET CONTEMPLENT PROFONDÉMENT ET AVEC DILIGENCE, CEUX-LÀ ATTEIGNENT LE NIRVANA SUPRÊME.

Dhammapada

Ce qui naît de la vie c'est la mort. Mais le principe de la vie est éternel.

Liezi (« Traité du vide parfait »)

Il y a des instants magiques qui passent inaperçus et puis, tout à coup, la main du destin change notre univers.

Paulo Coelho, *Sur le bord de la rivière Piedra je me suis assise et j'ai pleuré* (1994)

La graine doit retourner à la terre, mourir et se décomposer pour retourner à la vie et pousser à nouveau.

Proverbe égyptien

À quoi sert de voyager si tu t'emmènes avec toi ? C'est d'âme qu'il faut changer, non de climat.

Sénèque, *Lettres à Lucilius* (63-64)

Tout finit afin que tout recommence, tout meurt afin que tout vive.

Jean-Henri Fabre

Deux choses participent de la connaissance : le silence tranquille et l'intériorité.

Bouddha

Ce n'est pas dans le monde extérieur que vous trouverez la paix. Creusez au plus profond de vous-mêmes et vous trouverez la perle inestimable.

Mâ Ananda Moyî

TOUT NOTRE MAL VIENT DE NE POUVOIR ÊTRE SEULS.

Jean de la Bruyère, *Les Caractères* (1688)

Écoute l'avis des autres, ensuite réfléchis seul, puis fais ce que tu juges le plus utile.

Benoît de Nursie, *Règle de saint Benoît* (vers 540)

L'amour véritable comme l'amitié vraie ont besoin de solitude intérieure.

Anselm Grün, *Apprendre à faire silence* (2001)

L'esprit est tout. Ce que tu penses, tu le deviens.

Bouddha

L'ÂME CESSE D'ÊTRE SOLITUDE QUAND ELLE DEVIENT SANCTUAIRE.

Saint Bernard de Clairvaux, *Correspondance* (XIIe siècle)

L'espérance surnaturelle est la vertu qui nous dépouille de tout pour nous donner tout. Nous ne désirons pas ce que nous avons.

Thomas Merton, *Nul n'est une île* (1956)

GARDE TON ÂME CALME ET RETIRÉE. C'EST UN SANCTUAIRE OÙ TU TROUVERAS, QUAND TU LE VOUDRAS, LE BONHEUR.

Alexandra David-Néel, *La Lampe de sagesse* (1986)

L'apaisement réside en chacun de nous.

Tenzin Gyatso, 14e dalaï-lama

TANT QUE TU N'AS PAS TROUVÉ LA PAIX EN TOI, NE LA CHERCHE PAS AILLEURS.

La Rochefoucauld, *Maximes* (1665)

IL Y A UN LIEU EN MOI OÙ JE VIS TOUTE SEULE. C'EST LÀ QUE SE RENOUVELLENT LES SOURCES QUI NE SE TARISSENT JAMAIS.

Pearl Buck

J'ai découvert que tout le malheur des hommes vient d'une seule chose, qui est de ne savoir pas demeurer au repos dans une chambre.

Blaise Pascal, *Pensées* (1670)

Il y a deux sortes de solitude, très différentes l'une de l'autre. La première rapetisse les êtres en les repliant sur eux-mêmes ; la deuxième les grandit en les ouvrant à un dépassement.

Éloi Leclerc, *Sagesse d'un pauvre* (1991)

La solitude est partout. L'individu est toujours seul. Ce qu'il doit faire, c'est la découvrir en lui-même et non pas la trouver en dehors de lui.

Ramana Maharshi,
sagesse de l'Advaïta Védanta

Dans le silence et la solitude, on n'entend plus que l'essentiel.

Camille Belguise, *Échos du silence* (1958)

L'homme sage apprend de ses erreurs, l'homme plus sage apprend des erreurs des autres.

Confucius

La vraie sagesse, la vraie supériorité ne se gagnent pas en luttant mais en laissant les choses se faire d'elles-mêmes. Les plantes qui résistent au vent se cassent, alors que les plantes souples survivent aux ouragans.

Épicure

Quand les jours sont ainsi semblables les uns aux autres, c'est que les gens ont cessé de s'apercevoir des bonnes choses qui se présentent dans leur vie.

Paulo Coelho, *L'Alchimiste* (1988)

N'essayez pas de devenir un homme qui a du succès. Essayez de devenir un homme qui a de la valeur.

Albert Einstein, *Correspondance 1916-1955* (1972)

Tout est relié. Ce que l'homme fait à la toile de la vie, il le fait à lui-même.

Seattle (v. 1786 - 1866), chef amérindien

Un esprit clarifié et tranquille
n'est ni borgne ni aveugle,
il embrasse tous les aspects
de la réalité.

Dôgen

Il est bon d'apprendre à être sage à l'école de la douleur.

Eschyle

COMME L'ÉTOILE FILANTE, LE MIRAGE, LA FLAMME, L'ILLUSION MAGIQUE, LA GOUTTE DE ROSÉE, LA BULLE SUR L'EAU ; COMME LE RÊVE, L'ÉCLAIR OU LE NUAGE : CONSIDÈRE AINSI TOUTE CHOSE.

Bouddha

L'archer est un modèle pour le sage. Quand il a manqué le milieu de la cible, il en cherche la cause en lui-même.

Confucius

Le seul voyage dont on ne revient pas toujours les mains vides est intérieur.

Amos Oz, *Vie et mort en quatre rimes* (2008)

En face de ces choses qui passent, ne nous arrêtons pas à la surface mobile qui change, allons jusqu'au fond immobile qui demeure.

Dom Augustin Guillerand,
Silence cartusien (1997)

TU PEUX, À L'HEURE QUE TU VEUX, TE RETIRER EN TOI-MÊME. NULLE RETRAITE N'EST PLUS TRANQUILLE NI MOINS TROUBLÉE POUR L'HOMME QUE CELLE QU'IL TROUVE EN SON ÂME.

Marc Aurèle

ÊTRE ZEN, PAR ESSENCE, C'EST L'ART DE SAVOIR LIRE EN SOI-MÊME.

Daisetz Teitara Suzuki

Les hasards de notre vie nous ressemblent.

Elsa Triolet,
Camouflage (1928)

AU LIEU DE SE PLAINDRE DE L'OBSCURITÉ, MIEUX VAUT ALLUMER LA LUMIÈRE.

Confucius

CE QUE L'HOMME NE VEUT PAS APPRENDRE PAR LA SAGESSE, IL L'APPRENDRA PAR LA SOUFFRANCE.

Melchisédech

La plus grande partie de la vie passe à mal faire, une grande partie à ne rien faire, toute la vie à faire autre chose que ce que l'on devrait.

Sénèque, *Lettres à Lucilius* (63-64)

LE PROGRÈS INTÉRIEUR RÉSULTE D'UN EFFORT CONSTANT, RÉGULIER ET QUOTIDIEN.

Tenzin Gyatso,
14e dalaï-lama

Vis comme si tu devais mourir demain.
Apprends comme si tu devais vivre toujours.

Gandhi

L'immobile se disperse, et le mouvant demeure.

Hymne shivaïque

Même si nous parcourons le monde pour trouver la beauté, nous devons l'avoir en nous sous peine de ne pas la trouver.

Ralph Waldo Emerson, *Essais* (1841)

Que ce soit la beauté, l'amour, la sagesse, il est presque inutile de les chercher autour de soi si on n'a pas commencé par les découvrir en soi.

Mikhaël Aïvanhov

APPRENDS À ÉCRIRE TES BLESSURES DANS LE SABLE ET À GRAVER TES JOIES DANS LA PIERRE.

Lao Tseu

Le corps est l'étui fragile qui, durant un certain nombre d'années, renferme ton âme.

Bouddha

CELUI QUI NE PROGRESSE PAS CHAQUE JOUR RECULE CHAQUE JOUR.

Confucius

Nos épreuves contribuent toujours à notre développement lorsque nous les regardons comme des opportunités de corriger les erreurs du passé ou d'acquérir sagesse et entendement.

Edgar Cayce, *Lectures*

Les vérités qu'on aime le moins à apprendre sont celles que l'on a le plus d'intérêt à savoir.

Proverbe chinois

ÊTRE CONSCIENT D'UN SEUL DE SES DÉFAUTS EST PLUS UTILE QU'ÊTRE INFORMÉ DE MILLE TRAVERS CHEZ QUELQU'UN D'AUTRE.

Tenzin Gyatso,
14e dalaï-lama

Lorsque nous cherchons à être meilleurs que nous ne le sommes, tout devient meilleur aussi autour de nous.

Paulo Coelho, *L'Alchimiste*
(1988)

CE JOUR NE REVIENDRA PLUS. CHAQUE JOUR EST UN JOYAU SANS PRIX.

Maître Takuan, *Mystères de la sagesse immobile* (XVIe-XVIIe siècles)

Les professeurs peuvent ouvrir la porte, mais il te faudra entrer par toi-même.

Parole zen

Acceptez la vie comme elle vient. La voie la plus sûre pour découvrir la vérité est de ne plus résister à ce qui se présente.

Jean Klein

L'absence de désir, c'est la paix.

Lao Tseu

IL FAUT SOUFFLER SUR QUELQUES LUEURS POUR FAIRE DE LA BONNE LUMIÈRE.

René Char, *Les Matinaux* (1950)

L'imagination est plus importante que le savoir.

Albert Einstein

Il est bon de franchir chaque jour une étape comme l'eau vive ne stagne pas. Hier s'est enfui, l'histoire d'hier elle aussi est passée. Il convient aujourd'hui de conter une histoire nouvelle.

Djalâl ad-Dîn Rûmî,
Mesnevi, recueil de contes soufis
(XIIIe siècle)

TU NE PEUX PAS VOYAGER SUR UN CHEMIN SANS ÊTRE TOI-MÊME LE CHEMIN.

Bouddha

On peut approuver un juste conseil, mais l'essentiel est de se corriger.

Confucius

UN MOMENT DE COLÈRE CONTENUE, C'EST CENT JOURS D'ENNUIS ET DE REGRETS ÉVITÉS.

Proverbe chinois

Le malheur peut être un pas vers le bonheur.

Proverbe japonais

Si tu ne trouves pas d'ami sage, prêt à cheminer avec toi, résolu, constant, marche seul.

Bouddha

Nous devons devenir le changement que nous recherchons pour le monde.

Gandhi

Ne t'en va pas au dehors, rentre en toi-même ; au cœur de la créature habite la vérité.

Saint Augustin

Une chose prend fin, une autre chose commence et c'est la même qui continue, autrement.

Christian Bobin, *Geai* (1998)

LA VIE EST UN MOUVEMENT, CE QUI COMPTE EST LE CHEMIN.

Paulo Coelho, *L'Alchimiste* (1988)

Marche en harmonie avec l'univers, tout en étant en harmonie avec ce que tu es.

Proverbe navajo

Exige beaucoup de toi-même et attends peu des autres. Ainsi beaucoup d'ennuis te seront épargnés.

Confucius

ON CRÉE SON PROPRE UNIVERS À MESURE QU'ON AVANCE.

Winston Churchill

À quoi sert la lumière du soleil si on a les yeux fermés ?

Proverbe arabe

Croyez ceux qui cherchent la vérité, doutez de ceux qui la trouvent.

André Gide, *Journal*

Être zen, telle doit être votre pensée de chaque jour.

Zhaozhou

ÊTRE DANS LE DOUTE, C'EST DÉJÀ ÊTRE RÉSOLU.

William Shakespeare, *Othello* (1604)

La faculté de se mettre dans la peau des autres et de réfléchir à la manière dont on agirait à leur place est très utile si on veut apprendre à aimer quelqu'un.

Tenzin Gyatso,
14e dalaï-lama

Si le plaisir existe, et si on ne peut en jouir qu'en vie, la vie est donc un bonheur.

Giacomo Casanova,
Histoire de ma vie
(1789-1798)

Ne cherchez pas à régenter ce qui ne vous regarde pas.

Confucius

Connaître les autres, c'est sagesse. Se connaître soi-même, c'est sagesse supérieure.

Lao Tseu

Il n'existe que deux espèces de folie contre lesquelles on doit se protéger. L'une est la croyance selon laquelle nous pouvons tout faire. L'autre est celle selon laquelle nous ne pouvons rien faire.

André Brink, *Une saison blanche et sèche* (1979)

Meilleur que mille mots privés de sens est un seul mot raisonnable, qui peut amener le calme chez celui qui l'écoute.

Bouddha

Personne ne peut vous faire sentir inférieur sans votre propre consentement.

Eleanor Roosevelt

華夏常輝

S'ADAPTER, C'EST SE PLIER QUAND IL VENTE.

Félix Leclerc

C'EST LE DEVOIR DE CHAQUE HOMME DE RENDRE AU MONDE AU MOINS AUTANT QU'IL EN A REÇU.

Albert Einstein, *Comment je vois le monde* (1934)

La vie est un mouvement ; plus il y a vie, plus il y a flexibilité ; plus vous êtes fluide plus vous êtes vivant.

Arnaud Desjardins

Le comportement de chacun dans la vie de tous les jours est, en définitive, la véritable mise à l'épreuve de notre compassion.

Tenzin Gyatso, 14e dalaï-lama

C'est avoir fait un bien grand pas dans la sagesse que de ne pas avoir besoin de société le soir.

Jules Barbey d'Aurevilly, *Pensées détachées* (1889)

Il n'y a que deux conduites avec la vie : ou on la rêve ou on l'accomplit.

René Char

Serais-tu aussi chaste que la glace et aussi pur que la neige, tu n'échapperais pas à la calomnie.

William Shakespeare, *Hamlet* (1603)

Qui se plie restera entier, qui s'incline sera redressé. Qui se tient creux sera rempli, qui subit l'usure se renouvellera.

Lao Tseu

Quand deux sages confrontent leurs idées, ils en produisent de meilleures ; le jaune et le rouge mélangés produisent une autre couleur.

Proverbe tibétain

Notre vie est pleine de dangers et elle est impermanente. Elle est comme un rêve, une bulle. De tout ce que l'on aime il faudra se séparer. Tout est transitoire.

Bouddha

Il faut fuir sans se retourner la compagnie des méchants.

Platon

ON NE DOIT PAS AVOIR HONTE D'AVOUER UN TORT, PUISQUE C'EST SE MONTRER PLUS SAGE AUJOURD'HUI QU'ON NE L'ÉTAIT HIER.

Jonathan Swift

J'étais malheureux de n'avoir pas de souliers, alors j'ai rencontré un homme qui n'avait pas de pieds et je me suis trouvé content de mon sort.

Mong Tseu

Nos mauvais démons sont souvent des anges que nous ne comprenons pas ; ne les rejetons pas trop vite.

Jean-Christophe Marion

C'EST DE L'ALTITUDE QU'IL FAUT PRENDRE ET NON DE L'AVANCE.

Gustave Thibon

Les hommes sont comme les fleuves, dont l'origine est souvent inconnue.

Le *Mahâbhârata*

NOUS ATTIRONS EXACTEMENT CE DONT NOUS AVONS BESOIN À CHAQUE INSTANT.

Edgar Cayce

Lorsque l'esprit connaît la tranquillité, il soumet l'Univers tout entier.

Zhuangzi

Le secret du changement consiste à concentrer son énergie pour créer du nouveau, et non pas pour se battre contre l'ancien.

Dan Millman, *Le Guerrier pacifique* (1980)

SE REGARDER SCRUPULEUSEMENT SOI-MÊME, NE REGARDER QUE DISCRÈTEMENT LES AUTRES.

Confucius

La connaissance parle,
mais la sagesse écoute.

Jimi Hendrix

Celui qui veut faire
quelque chose trouve
un moyen, celui
qui ne veut rien faire
trouve une excuse.

Proverbe arabe

Le corps grandit
en prenant de la taille.
L'esprit grandit
en perdant de la hauteur.

Christian Bobin
Le Très-Bas (1992)

Tout ce que
nous sommes
est le résultat
de ce que nous
avons pensé.

Bouddha

Nous avons autant
besoin de raisons de
vivre que de quoi vivre.

Abbé Pierre

Il ne dépend que de nous de suivre la route qui monte
et d'éviter celle qui descend.

Platon

Qui va vers le tao, le tao l'accueille. Qui va vers la vertu, la vertu l'accueille. Qui va vers la perte, la perte l'accueille.

Lao Tseu

Décidez-vous toujours pour l'inconnu, indépendamment du risque et vous grandirez continuellement.

Osho, *Dang Dang Doko Dang* (1976)

Toutes les batailles de la vie nous enseignent quelque chose, même celles que nous perdons.

Paulo Coelho, *L'Alchimiste* (1988)

J'entends
et j'oublie,
je vois et je
me souviens,
je fais et je
comprends.

Confucius

Je ne cherche pas à connaître les réponses, je cherche à comprendre les questions.

Confucius

Quand votre esprit est étroit, les petites choses vous agitent facilement. Faites de votre esprit un océan.

Thubten Yeshe,
Devenir son propre thérapeute (1998)

Tout homme que je rencontre m'est supérieur en quelque manière. C'est pourquoi je m'instruis auprès de lui.

Ralph Waldo Emerson, *Essais*

Il y a deux choses que l'expérience doit apprendre : la première, c'est qu'il faut beaucoup corriger ; la seconde, c'est qu'il ne faut pas trop corriger.

Eugène Delacroix, *Journal*

Mille victoires sur mille ennemis ne valent pas une seule victoire sur soi-même.

Bouddha

Un sot ne voit pas le même arbre qu'un sage.

William Blake, *Le Mariage du ciel et de l'enfer* (1790-1793)

L'humanité, qui devrait avoir six mille ans de sagesse, retombe en enfance à chaque génération.

Tristan Bernard, *Contes, répliques et bons mots*

Tant que tu ne peux pardonner à autrui d'être différent de toi, tu es encore loin du chemin de la sagesse.

Proverbe chinois

IL EST DUR D'ÉCHOUER ; MAIS IL EST PIRE DE N'AVOIR JAMAIS TENTÉ DE RÉUSSIR.

Franklin Roosevelt

QUAND ON S'APERÇOIT QU'ON A LAISSÉ MIEUX POUR AVOIR MOINS BIEN, LE PLUS SAGE EST DE REVENIR VITE À CE QU'ON A QUITTÉ.

Horace

IL N'EXISTE RIEN DE CONSTANT SI CE N'EST LE CHANGEMENT.

Bouddha

Le monde est ce qu'il est car nous sommes ce que nous sommes, le monde sera différent si nous sommes différents. Nous sommes le monde.

Tishan

L'impossible, nous ne l'atteignons pas, mais il nous sert de lanterne.

René Char, *Feuillets d'Hypnos* (1946)

Le progrès est impossible sans changements, et ceux qui ne peuvent jamais changer d'avis ne peuvent ni changer le monde ni se changer eux-mêmes.

George Bernard Shaw

LES CHOSES NE CHANGENT PAS. TU CHANGES TA FAÇON DE REGARDER, C'EST TOUT.

Carlos Castaneda

Celui qui déplace la montagne, c'est celui qui commence à enlever les petites pierres.

Confucius

VOUS ÊTES CE QUE VOUS AVEZ ÉTÉ ET SEREZ SELON CE QUE VOUS FAITES MAINTENANT.

Bouddha

La sensation d'être heureux ou malheureux dépend rarement de notre état dans l'absolu, mais de notre perception de la situation, de notre capacité à nous satisfaire de ce que nous avons.

Tenzin Gyatso, 14e dalaï-lama

Se consacrer au moment présent, c'est servir l'éternité.

Traité *Avot*

Le bien et le mal ont le même visage. Tout dépend seulement du moment où ils croisent le chemin de chaque être humain.

Paulo Coelho, *Le Démon et mademoiselle Prym* (2000)

Vous ne pouvez pas résoudre vos problèmes avec la mentalité qui les a créés.

Albert Einstein

La philosophie zen est un chemin de libération. Il ne s'agit pas de trouver ce qui est bon ou mauvais, ni même avantageux : il s'agit de découvrir ce qui est.

Alan Watts

Même si tu n'es pas le soleil, ce n'est pas une raison pour être un nuage.

Proverbe arabe

LE BONHEUR NE SE TROUVE PAS AVEC EFFORT ET VOLONTÉ, MAIS RÉSIDE LÀ, TOUT PRÈS, DANS LA DÉTENTE ET L'ABANDON.

Lama Guendune Rinpoché

La vie est comme un miroir. Si tu lui souris, elle te renvoie ton image.

Louis Nucera, *Avenue des Diables-Bleus* (2000)

L'expérience est une lanterne que l'on porte sur le dos et qui n'éclaire jamais que le chemin parcouru.

Confucius

Pour jouir d'une vie heureuse et accomplie, la clé est l'état d'esprit.

Tenzin Gyatso,
14e dalaï-lama

On ne devient pas bon en essayant d'être bon, mais en trouvant la bonté qui est déjà en soi et en lui permettant de s'exprimer.

Eckhart Tolle, *Le Pouvoir du moment présent* (1999)

Est bouddhiste, celui qui arrive à diminuer efficacement son insatisfaction.

Serge-Christophe Kolm,
Le Bonheur-Liberté : bouddhisme profond et modernité (1982)

Tout le bonheur qu'il y a dans ce monde vient du souci des autres, et toute la souffrance vient de ce qu'on ne se préoccupe que de soi.

Shantideva, *Bodhicaryâvatâra : la marche vers l'Éveil* (VIIe-VIIIe siècle)

SOUS LE CIEL, IL N'Y A RIEN QUI SOIT STABLE, RIEN QUI NE DURE À JAMAIS.

Bouddha

Tu n'as pas besoin de faire des efforts. Mets des vêtements pour ne pas avoir froid, mange pour ne plus avoir faim, c'est tout.

Ji Gong

QUAND ON NE PEUT REVENIR EN ARRIÈRE, ON NE DOIT SE PRÉOCCUPER QUE DE LA MEILLEURE MANIÈRE D'ALLER DE L'AVANT.

Paulo Coelho, *L'Alchimiste* (1988)

Tout le problème de ce monde, c'est que les idiots et les fanatiques sont toujours sûrs d'eux tandis que les sages sont pleins de doutes.

Bertrand Russell

Peu importe le chemin : tous les chemins se valent. L'important est de suivre un chemin qui a du cœur.

Carlos Castaneda

17

Quand vous voyez un homme sage, pensez à l'égaler en vertu. Quand vous voyez un homme dépourvu de sagesse, examinez-vous vous-même.

Confucius

Il y a des êtres qui font d'un soleil une simple tache jaune, mais il y en a aussi qui font d'une simple tache jaune un véritable soleil.

Picasso

SI LE CONNU DISPARAISSAIT,
LA CONNAISSANCE APPARAÎTRAIT.

Ibn Arabî

L'homme peut réaliser des choses étonnantes si elles ont un sens pour lui.

Carl Jung

On ne sait jamais si l'on a bien agi envers les hommes. Il faut les adorer sans chercher à les comprendre. Leur sagesse est mystérieuse.

Anatole France, *Crainquebille, Putois, Riquet et plusieurs autres récits profitables* (1904)

Ceux qui soupirent vieillissent en un jour.

Théocrite

Ne croyez jamais ce que je vous dis, simplement parce que je vous le dis, mais ayez la foi seulement en ce que vous avez expérimenté et tenu pour vrai dans votre conviction profonde.

Bouddha

L'HOMME LIBRE, QUI VIT PARMI LES IGNORANTS, S'APPLIQUE AUTANT QU'IL LE PEUT À ÉVITER LEURS BIENFAITS.

Spinoza, *Éthique* (1677)

Si tu veux te trouver, commence par te perdre.

Jacques Lanzmann, *Tous les chemins mènent à soi* (1979)

Vivre zen, c'est être lucide, trier ce qui passe et ce qui demeure, c'est goûter le bonheur du présent, et, coque de noix dans l'océan de l'absolu, s'arrimer d'instant en instant à l'éternel.

Henri Brunel

MIEUX ON REMPLIT SA VIE, MOINS ON CRAINT DE LA PERDRE.

Alain, *Propos sur le bonheur* (1925)

L'homme supérieur c'est celui qui d'abord met ses paroles en pratique, et ensuite parle conformément à ses actions.

Confucius

On ne peut être heureux quand on ne vit que pour soi, quand on rapporte tout à son propre intérêt. On ne vit vraiment pour soi qu'en vivant pour un autre.

Sénèque

La porte la mieux fermée est celle qu'on peut laisser ouverte.

Proverbe chinois

Créer, c'est aussi donner une forme à son destin.

Albert Camus,
Le Mythe de Sisyphe
(1942)

Les épines que j'ai recueillies viennent de l'arbre que j'ai planté.

Lord Byron, *Le Pèlerinage du chevalier Harold* (1812-1818)

Un mot prononcé avec bienveillance engendre la confiance. Une pensée exprimée avec bienveillance engendre la profondeur. Un bienfait accordé avec bienveillance engendre l'amour.

Lao Tseu

Ne fais jamais rien sous la colère... Pourras-tu hisser les voiles dans la tempête ?

Proverbe arabe

Il y a des paroles qui portent plus loin que le vent.

Suzie Murray

Nous faisons presque tout de manière inconsciente. Nous mangeons inconsciemment, nous buvons inconsciemment, nous parlons inconsciemment. Même si nous prétendons être conscients, nous sommes complètement inconscients des tourments qui envahissent notre esprit et influencent tout ce que nous faisons.

Thubten Yeshe, *Devenir son propre thérapeute* (1998)

Chaque jour il faut danser, fût-ce seulement par la pensée.

Rabbi Nahman de Bratslav

Lorsqu'une chose évolue, tout ce qui est autour évolue de même.

Paulo Coelho,
L'Alchimiste (1988)

La joie réside au plus intime de l'âme, on peut aussi bien la posséder dans une obscure prison que dans un palais.

Thérèse de Lisieux

L'homme sage n'est pas comme un vase ou un instrument qui n'a qu'un usage ; il est apte à tout.

Confucius

Devenir adulte, c'est apprendre à vivre dans le doute et à développer, au travers des expériences, sa propre philosophie, sa propre morale. Éviter le prêt-à-penser.

Hubert Reeves, *Intimes convictions* (1996)

TOUJOURS VIS LES JOURS COMME ILS VIENNENT.

Gloria Knight

L'homme est capable de faire ce qu'il est incapable d'imaginer.

René Char, *Feuillets d'Hypnos* (1946)

Sème un acte, tu récolteras une habitude ; sème une habitude, tu récolteras un caractère ; sème un caractère, tu récolteras une destinée.

Tenzin Gyatso, 14e dalaï-lama

Plutôt que de nous laisser entraîner et piéger par nos sensations, laissons-les disparaître à mesure qu'elles se forment, comme des lettres tracées du doigt sur l'eau.

Dilgo Khyentsé Rinpoché

SI LES PORTES DE LA PERCEPTION ÉTAIENT DÉCRASSÉES, L'HOMME VERRAIT CHAQUE CHOSE TELLE QU'ELLE EST : INFINIE.

William Blake, *Le Mariage du ciel et de l'enfer* (1790-1793)

La connaissance est la clé du pouvoir, de la sagesse.

Confucius

Si vous n'essayez jamais, vous ne réussirez jamais, mais si vous essayez, vous risquez de vous étonner vous-même.

Thubten Yeshe

LA VIE EST UN DÉFI À RELEVER, UN BONHEUR À MÉRITER, UNE AVENTURE À TENTER.

Anjezë Gonxhe Bojaxhiu
(Mère Teresa)

En pleine angoisse, ne perds jamais l'espoir, car la moelle la plus exquise est dans l'os le plus dur.

Hafez, *Les Ghazals* (XIVe siècle)

Celui qui cherche, il ne trouvera pas. Celui qui ne cherche pas, il trouvera et il aura les mains pleines.

Kerstin Ekman,
Le Signe de jadis (2007)

Un maître n'est pas celui qui sans cesse enseigne, mais celui qui soudain apprend.

João Guimarães Rosa, *Diadorim* (1955)

Il y a trois choses que l'on ne peut rattraper : la flèche une fois lancée, l'occasion une fois manquée, la parole une fois prononcée.

Proverbe arabe

C'est la nuit qu'il est beau de croire à la lumière.

Edmond Rostand, *Cyrano de Bergerac* (1897)

Celui qui est maître de lui-même est plus grand que celui qui est le maître du monde.

Bouddha

Il ne faut pas lier un navire à une seule ancre, ni une vie à un seul espoir.

Épictète

Une once de réel pur suffit à qui sait voir.

Christian Bobin, *L'Homme du désastre* (1986)

La sagesse est fille de l'expérience.

Léonard de Vinci

À simplement regarder les insectes, les fourmis, les abeilles, tous ces animaux innocents, j'éprouve très souvent une forme de respect pour eux. Pourquoi ? Parce qu'ils n'ont aucune religion, aucune constitution, aucune police, rien. Mais ils vivent en harmonie dans la loi de l'existence, la loi de la nature.

Tenzin Gyatso, 14ᵉ dalaï-lama

Tais-toi beaucoup pour avoir quelque chose à dire qui vaille d'être entendu. Mais encore tais-toi pour t'entendre toi-même.

Lanza del Vasto, *Principes et préceptes du retour à l'évidence* (1945)

Vous ne pouvez pas vous battre avec l'ego et gagner, tout comme vous ne pouvez pas vous battre contre l'obscurité. Il faut simplement que la lumière de la conscience éclaire l'obscurité. Et cette lumière, c'est vous.

Eckhart Tolle

Ce qui n'est pas pleinement compris se répète.

Jiddu Krishnamurti

C'est le stade ultime du bonheur que de vouloir devenir ce qu'on est.

Érasme

Au lieu de vous agripper à la connaissance intellectuelle en voulant savoir quelle est la chose la plus élevée à atteindre, il vous serait plus bénéfique d'essayer d'arriver à une compréhension de la nature fondamentale de votre esprit ainsi que de la manière de le gérer, dès maintenant.

Thubten Yeshe, *Devenir son propre thérapeute* (1998)

Avant d'aller chercher le sens de la vie, aime la vie. Si tu aimes la vie, tu deviens un vivant.

Fiodor Dostoïevski

UN CHEMIN DE MILLE LIEUES COMMENCE TOUJOURS PAR UN PREMIER PAS.

Lao Tseu

LA JOIE N'EST PAS DANS LES CHOSES, ELLE EST EN NOUS.

Richard Wagner

Notre vie est un livre qui s'écrit tout seul. Nous sommes des personnages de roman qui ne comprennent pas toujours bien ce que veut l'auteur.

Julien Green, *Journal*

Il ne s'agit pas de faire nous-mêmes ceci ou cela, mais de nous soumettre à la plénitude de la vie, de la laisser passer à travers nous.

David Grayson

GARDE-TOI DE COUPER CE QUE TU PEUX DÉNOUER.

Joseph Joubert

Chaque progrès donne un nouvel espoir, suspendu à la solution d'une nouvelle difficulté.

Claude Lévi-Strauss, *Le Cru et le Cuit* (1964)

Le grincement de la pompe est aussi indispensable que la musique des sphères.

Henry David Thoreau

L'homme libre ne pense à rien moins qu'à la mort, et sa sagesse est une méditation, non de la mort, mais de la vie.

Spinoza, *Éthique* (1644)

Tendez l'oreille et écoutez votre vie. Songez au mystère insondable qu'elle représente. Au milieu de l'ennui et de la douleur, pas moins que dans l'excitation et la joie : touchez, goûtez, humez jusqu'à son cœur sacré et secret, car, en analyse finale, chaque instant est un instant clef et la vie elle-même est un état de grâce.

Frederick Buechner

La sagesse commence dans l'émerveillement.

Socrate

Sans doute il fut un temps, appelé l'âge d'or,
Où l'homme pour son Dieu n'avait que la Nature,
Et coulait une vie aussi douce que pure...
Pour le sage éclairé, ce temps existe encore.

Sylvain Maréchal, *Dieu et les prêtres, fragments d'un poème philosophique* (1781)

Le monde est un livre, et ceux qui ne voyagent pas n'en lisent qu'une page.

Saint Augustin

SI TU NE TROUVES PAS LA VÉRITÉ À L'ENDROIT OÙ TU ES, OÙ ESPÈRES-TU LA TROUVER ?

Dôgen

SAVOIR QUE L'ON SAIT CE QUE L'ON SAIT, ET SAVOIR QUE L'ON NE SAIT PAS CE QUE L'ON NE SAIT PAS : VOILÀ LA VÉRITABLE SCIENCE.

Confucius

Nul besoin de temples, nul besoin de philosophies compliquées. Notre cerveau et notre cœur sont nos temples.

Tenzin Gyatso,
14e dalaï-lama

Comme dans un miroir parfaitement pur apparaissent d'insubstantiels reflets, sache qu'il en est ainsi pour toute chose.

Bouddha

Le bonheur n'est pas une récompense mais une conséquence. La souffrance n'est pas une punition mais un résultat.

Robert Ingersoll

Voir un monde dans un grain de sable
Et un ciel dans une fleur sauvage.
Tenir l'infini dans la paume de la main
Et l'éternité dans une heure.

William Blake, *Augures d'innocence* (1803)

Bien sûr, l'esprit humain a deux côtés, positif et négatif. Mais le négatif est transitoire, très temporaire. Les hauts et les bas de vos émotions sont comme des nuages dans le ciel, au-delà de ces émotions, la véritable nature humaine fondamentale est claire et pure.

Thubten Yeshe, *Devenir son propre thérapeute* (1998)

Agissez pour le monde comme si vous deviez vivre mille ans, et pour l'autre comme si vous deviez mourir demain.

Mahomet

LA NATURE PURE DE L'ESPRIT – VACUITÉ, LUCIDITÉ ET INTELLIGENCE ILLIMITÉE – EST EN NOUS DEPUIS TOUJOURS.

Milarépa

La personne non éveillée vit dans son monde,
la personne éveillée vit dans le monde.

Andrew Cohen

Tout ce qui doit arriver arrivera, quels que soient vos efforts pour l'éviter ; tout ce qui ne doit pas arriver n'arrivera pas, quels que soient vos efforts pour l'obtenir.

Ramana Maharshi

Une personne qui médite a de la compréhension. Elle peut voir comment elle se crée elle-même des problèmes. Et donc, naturellement elle arrête de se les créer.

Osho, *Dang Dang Doko Dang* (1976)

L'homme est un être de transition ; il n'est pas le stade ultime ni le couronnement de l'existence sur la Terre…

Sri Aurobindo

Il suffit de prêter attention ; les leçons viennent toujours quand vous êtes prêt, et si vous êtes attentif aux signes vous apprendrez toujours tout ce qui est nécessaire pour l'étape suivante.

Paulo Coelho, *Le Zahir* (2004)

Un arbre qui grandit dans une caverne ne porte pas de fruits.

Khalil Gibran, *Sable et Écume* (1926)

Le sage poursuit l'absence de douleur et non le plaisir.

Aristote

Si l'on est blessé par une flèche empoisonnée, l'important est d'abord de la retirer, ce n'est pas le moment de se demander d'où elle vient, qui l'a tirée, de quel poison il s'agit.

Tenzin Gyatso,
14e dalaï-lama

Si tu te résous toi-même, le problème du monde est résolu.

Henry de Montherlant,
Carnets 1934-1944 (1957)

Pour savoir quel est ton chemin, regarde l'étoile, respire, et fais le premier pas…

Yankun

CE N'EST PAS PARCE QUE LES CHOSES SONT DIFFICILES QUE NOUS N'OSONS PAS, C'EST PARCE QUE NOUS N'OSONS PAS QU'ELLES SONT DIFFICILES.

Sénèque

Il n'y a de repos que pour celui qui cherche
Il n'y a de repos que pour celui qui trouve
Tout est toujours à recommencer.

Raôul Duguay, paroles de la chanson
Le Voyage

C'est par le bien-faire que se crée le bien-être.

Proverbe chinois

Bien des gens acceptent de faire de grandes choses. Peu se contentent de faire de petites choses au quotidien.

Anjezë Gonxhe Bojaxhiu
(Mère Teresa)

Le but du monde est le développement de l'esprit, et la première condition du développement de l'esprit, c'est sa liberté.

Ernest Renan, *Souvenirs d'enfance et de jeunesse* (1883)

Pour avoir de la connaissance, ajouter des choses chaque jour. Pour avoir de la sagesse, enlever des choses chaque jour.

Alain, *Propos sur le bonheur* (1925)

VIVRE SANS ILLUSIONS, C'EST LE SECRET DU BONHEUR.

Anatole France, *Monsieur Bergeret à Paris* (1901)

Si tu ne peux trouver la vérité là où tu es, où donc espères-tu pouvoir la trouver ?

Dôgen

Pour avoir de la connaissance, ajouter des choses chaque jour. Pour avoir de la sagesse, enlever des choses chaque jour.

Tao-tö-king (« *Le Livre de la Voie et de la Vertu* »)

APPRENDS À TENIR D'UNE MAIN LÉGÈRE TOUT CE QUI N'EST PAS ÉTERNEL.

Maud Royden

On ne reçoit pas la sagesse. Il faut la découvrir soi-même, après un trajet que personne ne peut faire pour nous, ne peut nous épargner.

Marcel Proust, *À l'ombre des jeunes filles en fleurs* (1918)

Comment le saisir ? Ne le saisis pas. Ce qui reste quand il n'y a rien à saisir, c'est l'être.

Panchadasi

Un bol renversé ne se remplit jamais. Si tu persistes en tournant le dos à la réalité, le bonheur et le malheur glisseront sur ton cœur comme l'eau du torrent sur les galets. Or l'homme a besoin du bonheur et du malheur pour marcher en équilibre.

Gilbert Sinoué, *Avicenne ou la Route d'Ispahan* (1989)

SI VOUS VOULEZ QUE LA VIE VOUS SOURIE, APPORTEZ-LUI D'ABORD VOTRE BONNE HUMEUR.

Spinoza, *Éthique* (1644)

À esprit libre, univers libre.

Koan

L'OPTIMISME EST UNE FORME DE COURAGE QUI DONNE CONFIANCE AUX AUTRES ET MÈNE AU SUCCÈS.

Robert Baden-Powell

Tout est Un, la vague et la perle, la mer et la pierre. Rien de ce qui existe en ce monde est en dehors de toi. Cherche bien en toi-même ce que tu veux être puisque tu es tout. L'histoire entière du monde sommeille en chacun de nous.

Djalâl ad-Dîn Rûmî

Deviens ce que tu n'es pas encore. Reste ce que tu es déjà. Dans ce devenir et ce rester réside tout ce qu'il y a de beau sur terre.

Franz Grillparzer

Il n'y a que deux conduites avec la vie : ou on la rêve ou on l'accomplit.

René Char

Examine si ce que tu promets est juste et possible, car la promesse est une dette.

Confucius

Toutes les activités au bénéfice des autres sont des actes qui renforcent l'esprit.

Tenzin Gyatso, 14e dalaï-lama

Celui qui ajourne le moment de bien vivre attend comme les paysans que la rivière ait fini de couler.

Horace, *Épîtres*
(23-14 avant Jésus-Christ)

La tâche à laquelle nous devons nous atteler, ce n'est pas de parvenir à la sécurité, c'est d'arriver à tolérer l'insécurité.

Erich Fromm

Tout est relatif dans le monde ; Dieu même et tout ce qui est bon est un préjugé pour le faible ; la vérité n'est sensible qu'au sage.

Louis Antoine de Saint-Just,
L'Esprit de la Révolution et de la Constitution de France
(1790)

*Le sage est méthodique
mais pas tranchant,
intègre mais pas
blessant,
droit mais pas absolu,
lumineux mais pas
éblouissant.*

Lao Tseu

La vie d'une personne avisée est une action du ciel… Calme, elle a les vertus du yin. Active, elle a le flux du yang.

Zhuangzi

Lorsque vous méditez, invitez-vous à ressentir l'estime de soi, la dignité, l'humilité et la force du Bouddha que vous êtes.

Sogyal Rinpoché

C'est une chose de penser que l'on est sur le bon chemin, une autre de croire que ce chemin est le seul.

Paulo Coelho, *Sur le bord de la rivière Piedra je me suis assise et j'ai pleuré* (1994)

Lorsque nous utilisons le temps comme un moyen pour acquérir une qualité, une vertu, un état d'être, nous ne faisons que retarder ou éviter ce qui est ; et je pense qu'il est important de comprendre ce point.

Jiddu Krishnamurti

Tous les composés sont impermanents. Quand vous percevez cela par l'intuition vraie, alors vous vous détachez de la souffrance.

Bouddha

CELUI QUI NE CRAINT PAS DE PROMETTRE DE GRANDES CHOSES A DE LA PEINE À LES EXÉCUTER.

Confucius

Ne sois pas piment,
ils te détesteront,
ne sois pas sucre,
ils te mangeront.

Proverbe touareg

C'est toujours par le sommeil que les grandes choses commencent. C'est toujours par le plus petit côté que les grandes choses arrivent.

Christian Bobin,
Le Très-Bas (1992)

La vraie générosité envers l'avenir consiste à tout donner au présent.

Albert Camus,
L'Homme révolté (1951)

ARRÊTEZ LE MAL AVANT QU'IL EXISTE ; CALMEZ LE DÉSORDRE AVANT QU'IL ÉCLATE.

Lao Tseu

L'amitié, la compassion, la gaieté clarifient le mental.

Yoga-Sûtra

POUR S'EN SORTIR, IL FAUT DISPOSER TRÈS TÔT DE RESSOURCES EN SOI ET POUVOIR BÉNÉFICIER DES MAINS TENDUES OU TUTEURS DE RÉSILIENCE.

Boris Cyrulnik, *Les Vilains Petits Canards* (2001)

COMME L'ABEILLE RÉCOLTE LE NECTAR DE DIFFÉRENTES FLEURS, LE SAGE ACCEPTE L'ESSENCE DES DIFFÉRENTES ÉCRITURES SACRÉES ET NE VOIT QUE LE BON DANS TOUTES LES RELIGIONS.

Bhâgavata Purâna

Il faut faire de la vie un rêve et faire d'un rêve une réalité.

Pierre Curie

Nous ne voyons pas les choses telles qu'elles sont. Nous les voyons telles que nous sommes.

Le Talmud

Une parole douce peut ouvrir même les portes de fer.

Proverbe bulgare

Rien n'échappe à la censure des hommes ; ils critiquent celui qui demeure silencieux, ils blâment celui qui parle, ils murmurent contre celui qui prêche la voie droite. Mais cela importe peu ; faites le bien et laissez parler les autres !

Bouddha

Que tous réalisent que ce que nous faisons et sommes est le résultat de ce que nous avons fait des idéaux que nous avons choisis.

Edgar Cayce

Le sage s'applique à être lent dans ses paroles et diligent dans ses actes.

Confucius

Le plus lourd fardeau, c'est d'exister sans vivre.

Victor Hugo, « Ceux qui vivent, ce sont ceux qui luttent », *Les Châtiments* (1853)

À vouloir être un autre, ou comme tout le monde, on n'est jamais personne.

Jean-Christophe Marion

Il faut avoir des rêves suffisamment grands pour ne pas les perdre de vue pendant qu'on les poursuit.

William Faulkner, *Sartoris* (1929)

Celui qui sait parler ne fait pas de fautes, celui qui sait compter n'a pas besoin de boulier, celui qui sait garder n'a pas besoin de serrure, celui qui sait voyager ne laisse pas de traces.

Lao Tseu

Contentez-vous de ce que vous avez et faites-en bon usage.

Robert Baden-Powell

La clef de toutes les sciences est sans contredit le point d'interrogation ; nous devons la plupart des grandes découvertes au : Comment ? Et la sagesse dans la vie consiste peut-être à se demander, à tout propos : Pourquoi ?

Honoré de Balzac, *La Peau de chagrin* (1831)

Pour réaliser l'unité intérieure, soutenir le ciel.

Psychologies Magazine,
Le Petit Guide de la méditation

Quand vous plantez une graine une fois, vous obtenez une seule et unique récolte. Quand vous instruisez les gens, vous en obtenez cent.

Confucius

L'ESPRIT EST DIFFICILE À MAÎTRISER ET INSTABLE. IL COURT OÙ IL VEUT. IL EST BON DE LE DOMINER. L'ESPRIT DOMPTÉ ASSURE LE BONHEUR.

Bouddha

PAR LE NON-AGIR, IL N'Y A RIEN QUI NE SE FASSE.

Lao-Tseu

Avec cette feuille de légume que vous tournez dans vos doigts, construisez une splendide demeure de bouddha.

Dôgen

**Je ne laisse jamais ma bouche
énoncer quelque chose
que ma tête ne peut tolérer.**

Louis Armstrong, *Ma vie
à La Nouvelle-Orléans* (1952)

LE PLAISIR
EST PLUS RAPIDE
QUE LE BONHEUR,
ET LE BONHEUR
QUE LA FÉLICITÉ.

Voltaire, *Dictionnaire
philosophique portatif* (1764)

*Connaître son ignorance est la meilleure part
de la connaissance.*

Proverbe chinois

Le monde est un écho
qui redit comme on
lui dit : dites du bien
des autres si vous voulez
qu'on en dise de vous.

Proverbe persan

IL Y A D'ADMIRABLES POSSIBILITÉS
DANS CHAQUE ÊTRE. PERSUADE-TOI
DE TA FORCE ET DE TA JEUNESSE.
SACHE TE REDIRE SANS CESSE :
IL NE TIENT QU'À MOI.

André Gide, *Les Nouvelles Nourritures* (1935)

Se respecter, se connaître, se dominer : ces trois attitudes mènent l'homme vers de grandes choses.

Alfred Tennyson

Trois choses qui font de nous des êtres humains : notre désir de connaître le sens de la vie, notre capacité d'amour, et notre capacité à rire.

Dharma

C'est dans la rosée des petites choses que le cœur trouve son matin et se rafraîchit.

Khalil Gibran

Vends ton intelligence, achète l'égarement. L'intelligence est une simple opinion. L'égarement, c'est l'intuition.

Djalâl ad-Dîn Rûmî

Marcher est aussi le zen… Que l'on bouge ou que l'on soit immobile, le corps demeure toujours en paix. Même si on se trouve face à une épée, l'esprit demeure tranquille.

Taisen Deshimaru

Le sage vit dans la conscience des difficultés et n'en souffre pas.

Lao Tseu

La sérénité est le but le plus haut que tu puisses fixer à tes propres efforts.

Suryakanta Patil

La vocation du zen est de nous rendre pur et de nous amener à un état d'harmonie, à un retour à l'équilibre qui est souvent l'état naturel de l'enfant.

Gudo Wafu Nishijima

Négligez et vous perdrez. Cherchez et vous trouverez. Mais chercher ne conduit à trouver que si nous cherchons ce qui est en nous. Chercher ne sert à rien si nous cherchons ce que notre être intérieur ne contient pas.

Confucius

On ne chasse pas l'obscurité avec un balai, on allume la lumière.

Anthony de Mello

La voie de l'homme sage s'exerce sans lutter.

Tao-tö-king (*« Le Livre de la Voie et de la Vertu »*)

CEUX QUI SAVENT NE DISENT PAS, CEUX QUI DISENT NE SAVENT PAS.

Proverbe japonais

Toute descente en soi, tout regard vers l'intérieur est en même temps ascension, assomption, regard vers la véritable réalité extérieure.

Novalis

Qui vit sans folie n'est pas si sage qu'il croit.

François de la Rochefoucauld

Le plus grand bien que nous faisons aux autres hommes n'est pas de leur communiquer notre richesse, mais de leur faire découvrir la leur.

Louis Lavelle, *L'Erreur de Narcisse* (1939)

Pas de plus grand malheur que d'être insatiable.
Pas de pire fléau que l'esprit de convoitise.
Qui sait se borner aura toujours assez.

Lao Tseu

Ce qui est passé a fui ; ce que tu espères est absent ; mais le présent est à toi.

Proverbe arabe

*Exercez-vous à voir large,
net et simple, et allez tout droit,
paisiblement, sans vous
inquiéter de ce qui se dit.*

Pierre Teilhard de Chardin

Tout ce qui devient une habitude tue notre capacité à répondre spontanément et dans le moment présent.

Osho

C'est vous qui devez faire l'effort. Les sages du passé montrent seulement le chemin.

Dhammapada

La vie humaine est une rosée passagère.

Proverbe japonais

Attachez deux oiseaux ensemble : ils sont incapables de voler. Pourtant ils ont deux fois plus d'ailes !

Proverbe soufi

Si nous cultivions les convergences plutôt que les différences, il y aurait la paix dans le monde.

Daniel Maurin

Si vous préservez votre esprit de tout jugement et n'êtes pas esclaves de vos sens, votre cœur trouvera la paix.

Tao-tö-king (« *Le Livre de la Voie et de la Vertu* »)

Une fois que vous vous rendez compte que le chemin est le but et que vous êtes toujours sur le chemin, non pas pour atteindre un but mais pour apprécier sa beauté et sa sagesse, la vie cesse d'être une tâche et devient naturelle et simple, une extase en elle-même.

Sri Nisargadatta Maharaj

NULLE PIERRE NE PEUT ÊTRE POLIE SANS FRICTION, NUL HOMME NE PEUT PARFAIRE SON EXPÉRIENCE SANS ÉPREUVE.

Confucius

Pour savoir qui tu es, écoute ton silence...

Yankun

NE RESTONS PAS PRISONNIERS DE CE QUE L'ON CROIT AVOIR ATTEINT.

Ivan Amar

Amis éclairés, les ignorants ont la parole à la bouche mais les sages pratiquent avec le cœur. Il y a aussi des ignorants qui, assis en méditation le cœur vide, ne pensent à rien et se prétendent grands.

Huineng

La prière est l'action la plus créatrice qui soit.

Pir Vilayat Inayat Khan

Par l'effort, par la vigilance, par la discipline, par la maîtrise de soi, le sage se crée une île que l'inondation ne submerge pas.

Bouddha

Il n'y a personne qui soit né sous une mauvaise étoile, il n'y a que des gens qui ne savent pas lire le ciel.

Tenzin Gyatso,
14e dalaï-lama

Celui qui connaît les autres est perspicace, celui qui se connaît lui-même est intelligent.

Tao-tö-king (*« Le Livre de la Voie et de la Vertu »*)

Si perçante soit la vue, on ne se voit jamais de dos.

Proverbe chinois

Il n'y a rien à pratiquer. Connais-toi toi-même, sois toi-même. Pour être toi-même, arrête de t'imaginer d'être ceci ou cela. Sois simplement. Laisse ta vraie nature émerger. Ne dérange pas ton esprit en cherchant.

Sri Nisargadatta Maharaj

Chercher ce qu'il y a de mieux et admirer ce qui est beau… Tel est le chemin quotidien vers le meilleur de la vie.

Lincoln Steffens

Qui s'exhibe ne rayonnera pas. Qui s'affirme ne s'imposera pas. Qui se glorifie ne verra pas son mérite reconnu. Qui s'exalte ne deviendra pas un chef.

Lao Tseu

L'EAU RENVERSÉE EST DIFFICILE À RATTRAPER.

Proverbe chinois

Quand vous pensez que vous êtes différent des autres, mieux que les autres, ce n'est que votre ego qui vous joue des tours, prenez garde ! Vous êtes ce que vous êtes, rien de différent, rien de mieux, une simple étincelle dans le feu de la vie.

Tishan

Le bonheur, on ne le trouve pas, on le fait. Le bonheur ne dépend pas de ce qui nous manque, mais de la façon dont nous nous servons de ce que nous avons.

Arnaud Desjardins, *Tu es cela. À la recherche du Soi IV* (1979)

FAIS PREUVE DE SOBRIÉTÉ, EMBRASSE LA SIMPLICITÉ, LIMITE TON ÉGOÏSME, AIE PEU DE DÉSIR.

Lao Tseu

Les jours qui nous rendent heureux nous rendent sage.

John Masefield

Ma philosophie est simple. Remplis ce qui est vide. Vide ce qui est plein. Gratte là où ça démange.

Alice Roosevelt Longworth

Trouver la Voie n'est pas difficile pour ceux qui n'ont pas de préférences. Lorsque l'amour et la haine sont absents, tout devient clair et sans masque.

Sengcan

VOYEZ POURQUOI UN HOMME AGIT, OBSERVEZ COMMENT IL AGIT, EXAMINEZ CE QUI FAIT SON BONHEUR. QUE POURRAIT-IL ENCORE VOUS CACHER ?

Confucius

Contenez l'esprit, qui est incontrôlable, sans cesse en activité et soumis à ses propres désirs. Un esprit discipliné est source de bonheur.

Bouddha

L'œil voit les choses de façon plus certaine dans les rêves qu'il ne les voit par l'imagination durant la veille.

Léonard de Vinci

L'homme est sage tant qu'il cherche la sagesse, mais dès qu'il croit l'avoir trouvée : il perd la tête.

Proverbe arabe

Retrouve l'innocence du présent, la clarté simple des choses. Apprends à vivre l'éternité.

Dugpa Rinpoché

LE PLUS GRAND ARBRE DU MONDE EST NÉ D'UNE MODESTE POUSSE ET UNE TOUR DE NEUF ÉTAGES A ÉTÉ BÂTIE À PARTIR D'UNE POIGNÉE DE TERRE.

Lao Tseu

Ouvre l'œil et regarde, tu verras ton visage dans tous les visages. Tends l'oreille et écoute, tu entendras ta propre voix dans toutes les voix.

Khalil Gibran, *Sable et Écume* (1926)

Apaise les pensées de ton esprit. Il est bon de le faire au beau milieu de la tourmente.

Yan Wu

Si tu te sens supérieur, si tu es fier de tes talents, c'est un désastre.

Yuan Wu

La peur est une souffrance. La peur est la non-acceptation de ce qui est. La peur n'existe que par rapport à quelque chose. C'est l'esprit qui crée la peur. La connaissance de soi est le commencement de la sagesse et la fin de la peur.

Jiddu Krishnamurti, *La Première et Dernière Liberté* (1955)

Faire un kilomètre vers l'est, c'est faire un kilomètre vers l'ouest.

Parole zen

Le zen nous ramène, par notre travail sur nous-même, au monde ordinaire pour devenir tout simplement des gens ordinaires.

Gudo Wafu Nishijima

Un temps pour aimer

Nous devons apprendre à vivre ensemble comme des frères, sinon nous allons mourir tous ensemble comme des idiots.

Martin Luther King, prédication « Rester éveillé au sein d'une grande révolution »

La vieille philosophie de l'œil pour œil n'a jamais fait que des aveugles.

Gandhi

Les rencontres les plus importantes ont été préparées par les âmes avant même que les corps ne se voient.

Paulo Coelho,
Onze minutes (2003)

L'amour est cette merveilleuse chance qu'un autre vous aime encore, quand vous ne pouvez plus vous aimer vous-même.

Jean Guéhenno,
Aventures de l'esprit (1954)

Se concentrer sur l'apprentissage intellectuel peut conduire à négliger l'intelligence du cœur.

Tenzin Gyatso, 14e dalaï-lama

Puissé-je être le protecteur des abandonnés, le guide de ceux qui cheminent, la barque, le navire et le pont pour ceux qui veulent traverser les eaux.

Shantideva

IL RESTE TOUJOURS UN PEU DE PARFUM À LA MAIN QUI DONNE DES ROSES.

Confucius

Puisque la haine ne cessera jamais avec la haine, la haine cessera avec l'amour.

Bouddha

La haine doit être vaincue par l'amour et la générosité.

Spinoza, *Éthique* (1677)

C'est par mon cœur que je suis ce que suis.

Johann Heinrich Pestalozzi

LE BONHEUR N'EST RÉEL QUE LORSQU'IL EST PARTAGÉ.

Tolstoï, *Le Bonheur conjugal* (1859)

La paix n'est pas un don de Dieu à ses créatures. C'est un don que nous nous faisons les uns aux autres.

Elie Wiesel

Ne fais pas toi-même ce qui te déplaît chez les autres.

Thalès de Milet

Je peux parler toutes les langues de la terre et du ciel, si je n'ai pas l'amour, je ne suis qu'un métal sonore, une cymbale qui retentit.

Première épître aux Corinthiens, 13, 1

Seule l'intelligence de l'amour et de la compassion peut résoudre tous les problèmes de la vie.

Jiddu Krishnamurti

สุรางค์ ศิริพาณิชย์

NE CHERCHE PAS À SUIVRE LES TRACES D'UN AUTRE, CHERCHE PLUTÔT À SAVOIR CE QU'IL CHERCHAIT.

Parole zen

Nous devrions chaque matin avoir pour première pensée le désir de consacrer la journée qui commence au bien-être de tous.

Dilgo Khyentsé Rinpoché

Si mon cœur est étroit, à quoi me sert que le monde soit si vaste ?

Proverbe arménien

QUAND TU DONNES, DONNE AVEC JOIE ET EN SOURIANT.

Joseph Joubert

L'amour bienveillant peut être développé envers une personne qui vous irrite : c'est ainsi que l'agacement peut être surmonté.

Bouddha

SI TU NE SAIS PAS QUOI FAIRE DE TES MAINS, TRANSFORME-LES EN CARESSES.

Jacques Salomé, *Bonjour tendresse* (1992)

Il n'y a que l'amour qui nous rende à nous-mêmes.

Albert Camus, *L'Envers et l'Endroit* (1937)

Ne pas railler, ne pas déplorer, ne pas maudire, mais comprendre.

Spinoza, *Éthique* (1677)

CE QUI EST IMPORTANT, C'EST L'INTENSITÉ D'AMOUR QUE VOUS METTEZ DANS LE PLUS PETIT GESTE.

Anjezë Gonxhe Bojaxhiu (Mère Teresa)

Si tu veux être aimé, aime.

Sénèque, *Lettres à Lucilius* (63-64)

La mesure de l'amour, c'est d'aimer sans mesure.

Saint Augustin

Le meilleur guerrier est celui qui parvient à faire de l'ennemi un ami.

Paulo Coelho,
La Cinquième Montagne
(1998).

L'obscurité ne peut pas chasser l'obscurité ; seule la lumière le peut. La haine ne peut pas chasser la haine ; seul l'amour le peut.

Martin Luther King in *Wall Street Journal*, 3 novembre 1962

Vivons donc heureusement, sans haïr ceux qui nous haïssent. Parmi ceux qui nous haïssent, passons dépourvu de haine.

Bouddha

En aidant les autres à trouver le chemin du bonheur, nous empruntons nous-même ce chemin.

Cardinal Richard Cushing

La tendresse est plus forte que la dureté, l'eau est plus forte que le rocher, l'amour est plus fort que la violence.

Herman Hesse, *Siddhartha* (1922)

SI VOUS JUGEZ LES GENS, VOUS N'AVEZ PAS LE TEMPS DE LES AIMER.

Anjezë Gonxhe Bojaxhiu (Mère Teresa)

Aimer, c'est l'art d'être avec d'autres, méditer, c'est l'art d'être en relation avec soi-même, laissez l'amour et la méditation être vos deux ailes.

Osho

On s'intéresse à ses membres comme parties de son corps, pourquoi pas aux hommes comme parties de l'humanité ?

Tenzin Gyatso, 14e dalaï-lama

LA PIÉTÉ FILIALE ET LE RESPECT DES AÎNÉS SONT LES RACINES MÊMES DE L'HUMANITÉ.

Confucius

Aimer, c'est trouver sa richesse hors de soi.

Alain, *Éléments de philosophie* (1941)

Pratique l'austérité de la compassion : vois comme des égaux ton enfant et ton ennemi, l'or et la poussière. Chéris l'autre plus que toi-même.

Yeshe Tsogyal

Pour entretenir des amitiés solides, il ne suffit pas d'apprécier nos ressemblances ; il faut aussi célébrer nos différences.

James Fredericks

Ma religion est l'amour. L'amour est notre véritable essence. L'amour ne connaît pas de frontières de caste, de religion, de race ou de nationalité. Nous sommes tous des perles enfilées sur le même fil de l'amour.

Amma

MÊME UNE FEUILLE DE PAPIER EST PLUS LÉGÈRE SI ON LA PORTE À DEUX.

Proverbe coréen

Dans le bonheur d'autrui je cherche mon bonheur.

Corneille, *Le Cid* (1636)

Aimer, c'est bien,
savoir aimer,
c'est tout.

François René
de Chateaubriand

Aimer quelqu'un, c'est espérer en lui pour toujours.

Gabriel Marcel, *Présence et immortalité* (2001)

Une seule parole qui fait du bien est meilleure que cent mille discours qui ne servent à rien.

Bouddha

Le langage muet
de cœur à cœur vaut
tous les langages.
Toute conversation
doit finir dans le
silence seulement.

Ramana Maharshi

Nous ne devons jamais oublier que l'expérience spirituelle est avant tout une expérience pratique d'amour.

Paulo Coelho, *Sur le bord de la rivière Piedra je me suis assise et j'ai pleuré* (1994)

Le bien n'est pas d'abord quelque chose à faire mais quelqu'un à aimer.

Maurice Zundel

CELUI DONT LA MÉCHANCETÉ NE CONNAÎT PAS DE BORNES, ENLACÉ PAR ELLE, SE FERA BIENTÔT AUTANT DE MAL QUE POURRAIT LUI SOUHAITER SON ENNEMI.

Dhammapada

L'Amour pousse à avoir envers la foi des autres le même respect qu'on a envers la sienne.

Gandhi

J'AI BESOIN DE ME RECUEILLIR POUR AIMER.

Jean-Jacques Rousseau, *Les Rêveries du promeneur solitaire* (posthume)

La spiritualité, c'est aimer, s'abandonner au divin, y aspirer et s'en souvenir.

Mère Meera

Ne pensez pas que vous pouvez infléchir le cours de l'amour, car l'amour, s'il vous trouve digne, dirige votre cours.

Khalil Gibran, *Le Prophète* (1923)

LES EXPLICATIONS VONT BIEN POUR LES CHOSES PRATIQUES, MAIS SONT DÉPLACÉES POUR LA BEAUTÉ, L'AMOUR ET LA SIMPLE PRÉSENCE. JUSTE LAISSEZ LES CHOSES ÊTRE. AIMEZ LE MYSTÈRE AU LIEU DE RÉSOUDRE L'ÉNIGME.

Leo Hartong

Liberté, humilité, amour jaillissent spontanément mais ne peuvent être conquis comme un but.

Jean Klein, *L'Insondable Silence* (1986)

L'homme compatissant est bon, même en colère ; dénué de compassion, il tue avec le sourire.

Shabkar

En opposant la haine à la haine, on ne fait que la répandre, en surface comme en profondeur.

Gandhi

Tu veux un monde meilleur, plus fraternel ? Eh bien, commence à le faire : fais-le en toi et autour de toi, fais-le avec ceux qui le veulent. Fais-le en petit et il grandira.

Lanza del Vasto, *Les Quatre Piliers de la paix* (1992)

Tout le monde parle de la paix, mais on ne peut réaliser la paix à l'extérieur si l'on héberge en soi la colère ou la haine.

Tenzin Gyatso, 14e dalaï-lama

À moins que nous apprenions à aimer même ceux qui ont été ou sont nos ennemis, nous n'avons pas commencé à penser correctement.

Edgar Cayce

Rester en colère, c'est comme saisir un charbon ardent avec l'intention de le jeter sur quelqu'un ; c'est vous qui vous brûlez.

Bouddha

Insistons sur le développement de la gentillesse, de la compréhension, de la paix. Le reste nous sera offert.

Anjezë Gonxhe Bojaxhiu
(Mère Teresa)

LA HAINE TROUBLE LA VIE ; L'AMOUR LA REND HARMONIEUSE. LA HAINE OBSCURCIT LA VIE ; L'AMOUR LA REND LUMINEUSE.

Martin Luther King

La compassion véritable consiste à nous aimer nous-même, à respecter nos besoins, nos limites et nos capacités réelles.

Jack Kornfield, *Dharma vivant* (2001)

LA PAIX N'EST PAS L'ABSENCE DE GUERRE, C'EST UNE VERTU, UN ÉTAT D'ESPRIT, UNE VOLONTÉ DE BIENVEILLANCE, DE CONFIANCE, DE JUSTICE.

Spinoza, *Éthique* (1677)

Pour faire la paix avec un ennemi, on doit travailler avec cet ennemi, et cet ennemi devient votre associé.

Nelson Mandela,
Un long chemin vers la liberté
(1995)

L'amour est le seul rêve qui ne se rêve pas.

Czeslaw Milosz, *Sur les bords de l'Issa* (1955)

Le désarmement extérieur passe par le désarmement intérieur. Le seul vrai garant de la paix est en soi.

Tenzin Gyatso,
14e dalaï-lama

Accomplissez toutes vos actions sans une raison. La vie se vit pour elle-même et pour aucune autre raison… L'amour n'a pas de pourquoi.

Maître Eckhart

Le temps ne transforme pas l'homme, la sagesse non plus. La seule chose qui puisse pousser un être à changer, c'est l'amour.

Paulo Coelho, *Onze minutes* (2003)

La volonté de satisfaction détruit l'amour.

Jiddu Krishnamurti

C'EST AYANT TUÉ LA COLÈRE QU'ON PEUT DORMIR EN PAIX.

Bouddha

L'amour meut le soleil et les autres étoiles.

Dante, *Divine Comédie* (1307-1321)

Un acte de justice et de douceur a souvent plus de pouvoir sur le cœur des hommes que la violence et la barbarie.

Nicolas Machiavel, *Le Prince* (1513)

SEUL CELUI QUI AIME EXISTE.

Ludwig Feuerbach

LE GOÛT DU PAIN PARTAGÉ EST SANS ÉGAL.

Antoine de Saint-Exupéry, *Terre des hommes* (1939)

CEUX QU'ON AIME,
ON NE LES JUGE PAS.

Jean-Paul Sartre, *Les Séquestrés d'Altona* (1959)

Personne ne vit sans aimer.

Saint Augustin

C'est en parvenant à nos fins par l'effort, en étant prêt à faire le sacrifice de profits immédiats en faveur du bien-être d'autrui à long terme, que nous parviendrons au bonheur caractérisé par la paix et le contentement authentique.

Tenzin Gyatso, 14e dalaï-lama

TOUT LE BONHEUR DU MONDE VIENT D'UN CŒUR ALTRUISTE, ET TOUT SON MALHEUR DE L'AMOUR DE SOI.

Shantideva

Tu peux te plier à toutes sorte
de pratiques spirituelles,
si dans ton cœur tu n'es pas
capable d'amour pour tous,
tu ne progresses en rien.

Chandra Swami Udasin

Qui aime, attend.

Henry de Montherlant, *Carnets 1934-1944* (1957)

Et qui est heureux rendra les autres heureux ; aussi, qui a courage et confiance ne se laissera jamais sombrer dans la détresse.

Anne Frank, *Journal* (1947)

Il répond, mon amant, et me dit : Lève-toi vers toi-même, ma compagne, ma belle, et va vers toi-même !

Cantique des cantiques

Lorsque vous donnez, un vide se crée qui va attirer encore plus que ce que vous avez donné.

Deepak Chopra

Ne pas se moquer, ne pas déplorer, ne pas détester mais comprendre.

Spinoza, *Éthique* (1677)

IL N'EST PAS BON QUE L'HOMME SOIT SEUL.

Genèse, 2, 18

Si la haine répond à la haine, comment la haine finira-t-elle ?

Bouddha

LES CARESSES SONT AUSSI NÉCESSAIRES À LA VIE DES SENTIMENTS QUE LES FEUILLES LE SONT AUX ARBRES. SANS ELLES, L'AMOUR MEURT PAR LA RACINE.

Nathaniel Hawthorne, *Contes* (1827)

LE BONHEUR N'EST RIEN D'AUTRE QUE L'AMOUR ; SEUL L'AMOUR EST BONHEUR.

Adalbert von Chamisso, *L'Amour et la vie d'une femme* (1830)

Ce qui ressemble à l'amour est toujours de l'amour.

Tristan Bernard

C'est dans son cœur qu'il faut construire la paix.

Tenzin Gyatso, 14e dalaï-lama

Le monde trouvera sa vérité quand l'homme saura aimer ; jusque-là, nous vivons en pensant que nous connaissons l'amour, mais sans avoir le courage de l'affronter tel qu'il est.

Paulo Coelho, *Le Zahir* (2004)

La non-violence est une arme puissante et juste qui tranche sans blesser et ennoblit l'homme qui la manie. C'est une épée qui guérit.

Martin Luther King, *Why We Can't Wait* (1963)

Le sage n'amasse pas pour lui-même. Plus il dépense pour les autres, plus il possède. Plus il donne aux autres, plus il garde pour lui.

Tao-tö-king (*« Le Livre de la Voie et de la Vertu »*)

LA NON-VIOLENCE SOUS SA FORME ACTIVE CONSISTE EN UNE BIENVEILLANCE ENVERS TOUT CE QUI EXISTE. C'EST L'AMOUR PUR.

Gandhi

Le mal n'est jamais dans l'amour.

André Gide,
La Symphonie pastorale (1919)

Je sais et je sens que faire du bien est le plus vrai bonheur que le cœur humain puisse goûter.

Jean-Jacques Rousseau, *Les Rêveries du promeneur solitaire* (posthume)

NE FAIS PAS À AUTRUI CE QUE TU NE VOUDRAIS PAS QUE L'ON TE FASSE.

Confucius

SI LES CŒURS ÉTAIENT CLAIRS, LE MONDE SERAIT CLAIR.

Jacques Audiberti,
Le mal court (1948)

La racine du bien réside en nous-mêmes. Cultivons cette beauté du cœur qui vaut bien plus que le talent.

Nguyên Du, *Kim Vân Kiêu* (XIXe siècle)

Le cœur n'a pas de rides.

Marie de Rabutin-Chantal, marquise de Sévigné, *Lettres*

La soif du cœur ne s'apaise pas avec une goutte d'eau.

Saadi

Le cœur fait tout, le reste est inutile.

Jean de La Fontaine,
Belphégor, Les Fables
(1668-1678)

DE CELUI QUI DANS LA BATAILLE A VAINCU MILLE MILLIERS D'HOMMES ET DE CELUI QUI S'EST VAINCU LUI-MÊME, C'EST CE DERNIER QUI EST LE PLUS GRAND VAINQUEUR.

Bouddha

Grand est celui qui n'a pas perdu son cœur d'enfant.

Meng-Tsen

L'amour bienveillant peut être développé envers une personne qui vous irrite : c'est ainsi que l'agacement peut être surmonté.

Bouddha

Le cœur a des pensées que ne dit pas la bouche.

Chrétien de Troyes, *Érec et Énide* (1160-1164)

Si l'esprit est la lumière qui éclaire le monde, le cœur est le feu qui les soutient : si la raison parfois s'égare, c'est le cœur qui la ramène.

Hector Carbonneau,
Gabriel et Geneviève : récit de la mer (1974)

Le bonheur est quelque chose qui se multiplie quand il se divise.

Paulo Coelho, *Sur le bord de la rivière Piedra je me suis assise et j'ai pleuré* (1994)

L'amour est un art, telle une quête de soi vers l'autre.

Ariane Angeloglou,
Petit dictionnaire de l'amour (2007)

C'est le propre de l'amour d'être forcé de croître, sous peine de diminuer.

André Gide, *Les Faux-Monnayeurs* (1925)

Quand le ciel veut sauver un homme, il lui envoie l'amour.

Lao Tseu

L'amour est cette ombre parfumée qui ne vous quitte jamais. Vivre ce lien comme si l'autre était l'ombre vivante de soi et soi l'ombre vivante de l'autre.

Hafid Aggoune, *Les Avenirs* (2004)

Ne vous imaginez pas que l'amour, pour être vrai, doit être extraordinaire. L'amour extrême ne se mesure pas, il se contente de donner.

Anjezë Gonxhe Bojaxhiu (Mère Teresa)

C'est en donnant que l'on reçoit, c'est en s'oubliant que l'on se retrouve soi-même.

Saint François d'Assise

IL EST BON D'AVOIR QUELQUE CHOSE À SOI POUR LE DONNER.

Paul Claudel, *L'Otage* (1911)

La véritable essence de l'être humain est la bonté. Il existe d'autres qualités provenant de l'éducation, du savoir, mais il est essentiel, si l'on veut devenir un véritable être humain et donner un sens à son existence, d'avoir un cœur bon.

Tenzin Gyatso, 14e dalaï-lama

Qu'importe aux cœurs unis ce qui change autour d'eux ?

Alphonse de Lamartine, *Jocelyn* (1836)

Dans une cave, un diamant est un caillou. Sous les rayons du soleil, il devient un enchantement. Tous les êtres humains sont des diamants pour qui les aime.

Jean Harang

IL VAUT MIEUX METTRE SON CŒUR DANS LA PRIÈRE SANS TROUVER DE PAROLES QUE TROUVER DES MOTS SANS Y METTRE SON CŒUR.

Gandhi

기오

La véritable charité est bienveillante, patiente, ne s'irrite pas, excuse tout, croit tout, supporte tout, ne soupçonne pas le mal !

Adrienne Maillet, *Cœur d'or, cœur de chair* (1953)

LE CŒUR DU FOU EST DANS SA BOUCHE, MAIS LA BOUCHE DU SAGE SE TROUVE DANS SON CŒUR.

Benjamin Franklin

CELUI QUI VEUT FAIRE LE BIEN VA FRAPPER À LA PORTE. CELUI QUI EST PLEIN D'AMOUR TROUVE LA PORTE OUVERTE.

Tagore

Es-tu triste ? Cherche autour de toi un service à rendre, une peine à consoler…

Jacques Cœur

N'aimer que ce qui nous ressemble, c'est s'aimer soi-même, ce n'est pas aimer.

Tierno Bokar

SI NOUS VOULONS CRÉER LA PAIX DANS LE MONDE, CRÉONS-LA D'ABORD EN CHACUN DE NOUS.

Tenzin Gyatso, 14ᵉ dalaï-lama

Si vous avez confiance en vous-mêmes, vous inspirerez confiance aux autres.

Goethe

L'amour n'est pas un lien, c'est une révélation.

Boris Cyrulnik, *Sous le signe du lien* (1989)

S'il y a un amour pur et exempt du mélange de nos autres passions, c'est celui qui est caché au fond du cœur, et que nous ignorons nous-mêmes.

François de La Rochefoucauld
Maximes (1665)

DIEU EST LÀ OÙ HABITE L'AMOUR.

Proverbe russe

L'AMOUR, CETTE ABSENCE DE MÉMOIRE, NE RETIENT DE NOUS QUE NOTRE ÉTERNITÉ.

Henri Petit, *Ordonne ton amour* (1966)

C'est l'amour de nous-mêmes qui assiste l'amour des autres ; c'est par nos besoins mutuels que nous sommes utiles au genre humain.

Voltaire, *Lettres philosophiques* (1734)

Ayez de l'amour pour tous, nul n'est autre que vous.

Râmakrishna Paramahamsa

C'est peut-être ça, l'amour : un visage autour de soi qui se multiplie, alors qu'on est seul !

Georges Schéhadé, *La Soirée des proverbes* (1954)

L'amour est patient ; l'amour est plein de bonté. L'amour n'est point envieux [...]. Il excuse tout, il croit tout, il espère tout, il supporte tout.

Première épître aux Corinthiens, 13, 4

L'enfer est dans un cœur vide.

Khalil Gibran, *Le Prophète* (1923)

Si Dieu a fait un monde d'amour, vous êtes faits pour le retrouver.

Patrice de La Tour du Pin, *Une somme de poésie* (1946)

L'amour sort du futur avec un bruit de torrent, et il se jette dans le passé pour le laver de toutes les souillures de l'existence.

André Pieyre de Mandiargues, « Le marronnier », *Mascarets* (1971)

S'aimer, c'est lutter constamment contre des milliers de forces cachées qui viennent de vous ou du monde.

Jean Anouilh

DANS TA PENSÉE
OÙ TOUT EST BEAU,
FAIS DE TON AMOUR
TON FLAMBEAU.

Victor Hugo, « Il fait froid », *Les Contemplations* (1856)

L'amour n'est qu'une étape, un arrêt momentané sur la route de la vie.

Octave Uzanne, *Le Bric-à-brac de l'amour* (1879)

Pour aller au bout du plaisir, il faut aimer plus que le plaisir.

Maurice Chapelan, *Amours, amour* (1967)

L'amour ne se prédit pas, il se construit.

Daniel Pennac, *Aux fruits de la passion* (1999)

La vie appartient à ceux qui aiment, et là où règne l'amour, l'homme est vraiment le roi.

Stephen Lawhead, cycle du *Chant d'Albion*

Le monde est né de l'amour, il est soutenu par l'amour, il va vers l'amour et il entre dans l'amour.

Saint François de Sales

LES AMOURS PASSENT ET MEURENT ; L'AMOUR DEMEURE ET SURVIT.

Czeslaw Milosz

La magie de l'amour, c'est qu'il nous donne une chance d'être meilleur.

Francis Dannemark,
La Grève des archéologues
(1998)

Sans compassion et amour authentiques, il est difficile d'accepter et de tolérer l'autre.

Tenzin Gyatso, 14e dalaï-lama

Tout l'univers obéit à l'amour ; aimez, aimez, tout le reste n'est rien.

Jean de La Fontaine,
Les Amours de Psyché et de Cupidon (1669)

SEUL CELUI QUI EST HEUREUX PEUT RÉPANDRE LE BONHEUR AUTOUR DE LUI.

Paulo Coelho, *Sur le bord de la rivière Piedra je me suis assise et j'ai pleuré* (1994)

Savoir aimer, c'est ne pas aimer.
Aimer, c'est ne pas savoir.

Marcel Jouhandeau, *Algèbre des valeurs morales* (1935)

Le premier des devoirs, sans doute, est d'être juste ; et le premier des biens est la paix de nos cœurs.

Voltaire, *Poème sur la loi naturelle* (1756)

La méditation est l'art de savoir être seul. Et l'amour est l'art de savoir être avec les gens, l'art d'être avec d'autres personnes. Mais la méditation vient en premier.

Tishan

Quand nous aimons, nous sommes l'univers et l'univers vit en nous.

Octave Pirmez, *Les Feuillées : pensées et maximes* (1862)

L'amour est une surprise qui nous arrache à l'insipide, l'attachement est un lien qui se tisse au quotidien.

Entretien avec Boris Cyrulnik publié dans *Le Monde de l'éducation*

L'AMOUR FAIT SONGER, VIVRE ET CROIRE.

Victor Hugo, *La Légende des siècles* (1855-1876)

Qu'aime l'amour ? L'infinité. Que craint l'amour ? Des bornes.

Søren Kierkegaard, *Le Journal du séducteur* (1843)

Par la caresse nous sortons de notre enfance mais un seul mot d'amour et c'est notre naissance.

Paul Éluard, *Le Phénix* (1951)

Le plus bel amour ne va pas loin si on le regarde courir. Mais plutôt il faut le porter à bras comme un enfant chéri.

Alain, *Esquisses de l'homme* (1927)

Il est vital de laisser une large place au changement dans les relations avec l'autre. Ces transitions tiennent lieu de périodes charnières, où l'amour véritable mûrit et s'épanouit.

Tenzin Gyatso,
14e dalaï-lama

À chaque être correspond une forme d'amour spécifique. Son bonheur est de la rencontrer.

Jean Simard, *La Séparation* (1970)

C'est le miracle de l'amour de n'avoir pas besoin de mots pour se comprendre.

Laure Conan, *La Sève immortelle* (1925)

Accomplissez toutes vos actions sans une raison. La vie se vit pour elle-même et pour aucune autre raison… L'amour n'a pas de pourquoi.

Eckhart Tolle, *Le Pouvoir du moment présent* (2000)

LA PENSÉE DU NÉANT DES CHOSES ENGENDRE LA COMPASSION, LA COMPASSION ABOLIT L'ESPACE ENTRE SOI ET LES AUTRES, L'UNITÉ DE SOI ET DES AUTRES RÉALISE LE BIEN D'AUTRUI.

Milarépa

On peut allumer des dizaines de bougies à partir d'une seule sans en abréger la vie. On ne diminue pas le bonheur en le partageant.

Bouddha

Nous n'habitons pas des régions. Nous n'habitons même pas la Terre. Le cœur de ceux que nous aimons est notre vraie demeure.

Christian Bobin, *La plus que vive* (1996)

Pour trouver la sécurité dans nos rapports avec un autre être, il ne faut ni penser avec nostalgie à ce que ces rapports ont été ni redouter ou désirer ce qu'ils pourront devenir, mais les vivre dans le présent et les accepter tels qu'ils sont.

Anne Morrow Lindbergh

La première règle avant d'agir consiste à se mettre à la place de l'autre. Nulle vraie recherche du bien commun ne sera possible hors de là.

Abbé Pierre

SI TU AS DE NOMBREUSES RICHESSES, DONNE TON BIEN ; SI TU POSSÈDES PEU, DONNE TON CŒUR.

Proverbe berbère

ALORS QUE NOUS ESSAYONS D'ENSEIGNER LA VIE
À NOS ENFANTS, NOS ENFANTS NOUS MONTRENT
CE QU'EST LA VIE.

Angela Schwindt

Ce que tu gardes est perdu à jamais.
Ce que tu donnes est à toi pour toujours.

Proverbe soufi

J'ai appris qu'un
homme n'a le droit
d'en regarder
un autre de haut
que pour l'aider
à se lever.

Gabriel García Márquez

QUE PERSONNE NE
VIENNE À VOUS SANS
REPARTIR MEILLEUR
ET PLUS JOYEUX

Anjezë Gonxhe Bojaxhiu (Mère Teresa)

Un temps pour comprendre

La simplicité donne au voyage de la vie la légèreté qui lui sied.

Charles Dudley Warner

Agis selon ta connaissance de ce qui est juste.

Commandement amérindien

L'or de l'Éveil est dans le sol de notre esprit, mais si nous ne creusons pas, il reste caché.

Kalou Rinpoché, *Trois enseignements de Kalou Rinpoché* (1999)

Rien ne vaut de passer un bon moment avec soi-même à parcourir les rayonnages de sa bibliothèque intérieure.

Sylvain Tesson, *Petit traité sur l'immensité du monde* (2005)

Il est des souffrances qui ne peuvent être oubliées que lorsque nous avons la capacité de flotter au-dessus.

Paulo Coelho, *Onze minutes* (2003)

Le temps qui passe est un ami précieux qui nous dépouille du superflu.

Christian Bobin, *Une petite robe de fête* (1991)

LA SAGESSE ET LA COMPASSION DEVIENNENT LES INFLUENCES PRÉDOMINANTES QUI GUIDENT NOS PENSÉES, NOS PAROLES ET NOS ACTES.

Matthieu Ricard, *Plaidoyer pour le bonheur* (2003)

Soyez content de votre sort, ami, c'est là la sagesse.

Horace

ÊTRE ZEN, PAR ESSENCE, C'EST L'ART DE SAVOIR LIRE EN SOI-MÊME.

Daisetz Teitaro Suzuki

Mon cœur est saturé de plaisir quand j'ai du pain et de l'eau.

Épicure

Vis le jour sans penser au lendemain.

Proverbe berbère

Il n'est pas nécessaire de rejeter toute activité, de rechercher le silence. Il suffit de faire le vide en soi en respectant l'harmonie à l'extérieur. De cette façon, vous serez en paix au milieu de l'activité frénétique du monde.

Yuanwu Keqin

La science a certes quelques magnifiques réussites à son actif mais à tout prendre, je préfère de loin être heureux plutôt qu'avoir raison.

Douglas Adams, *Le Guide du routard galactique* (1979)

La vacuité est semblable au ciel. Grâce à la présence de l'espace céleste, les fonctions cosmiques peuvent y avoir lieu. L'aube et le crépuscule ont la possibilité de s'y dérouler.

Chögyam Trungpa Rinpoché

NON ANXIEUX ICI, NON ANXIEUX TOUTE LA VIE.

Koan zen

Limite tes désirs des choses de ce monde et vis content.
Omar Khayyam

On peut aussi construire quelque chose de beau avec les pierres qui entravent le chemin.
Goethe

LA MORT EST UN MIROIR DANS LEQUEL SE REFLÈTE L'ENTIÈRE SIGNIFICATION DE LA VIE.
Sogyal Rinpoché, *Le Livre tibétain de la vie et de la mort* (1992)

On peut se laisser dépérir dans le manque. On peut aussi y trouver un surcroît de vie.
Christian Bobin,
La plus que vive (1996)

Lorsque les mots perdent leur sens, les gens perdent leur liberté.
Confucius

Des nombreux grains d'encens jetés sur le même autel, l'un est tombé le premier, un autre tombera le dernier et cela n'a pas d'importance.

Marc Aurèle, *Pensées à moi-même* (IIe siècle)

Tu ne peux pas voir un arc-en-ciel sans qu'il pleuve quelque part.

Proverbe des Indiens pueblos

Il y a des fleurs partout pour qui veut bien les voir.

Matisse

L'ESPRIT EST MOUVANT ET AGITÉ, DIFFICILE À FIXER, DIFFICILE À DISCIPLINER. LE SAGE COMMANDE À SON ESPRIT COMME L'ARCHER DIRIGE SA FLÈCHE.

Dhammapada

La vie offre toujours deux pentes. On grimpe ou on se laisse glisser.

Pierre Hebey, *Deux amis de toujours* (1997)

**Quel est le plus miraculeux de tous les miracles ?
Que je sois assis ici, en silence.**

Sagesse zen

Sur le chemin spirituel, il ne faut rien chercher qui serait extraordinaire. L'extraordinaire est dans la profondeur de l'ordinaire.

Karlfried Graf Dürckheim, *Le mot qui vient du silence* (émission radiophonique)

NE PENSE PAS À L'AVENIR. SOIS PRÉSENT À CETTE MINUTE. NE PENSE PAS AU PASSÉ. SOIS PRÉSENT À CETTE MINUTE.

Baba Ram Dass

La tranquillité est la plus grande des révélations.

Lao Tseu

La vraie générosité envers l'avenir consiste à tout donner au présent.

Albert Camus, *L'Homme révolté* (1951)

De quelle couleur est le vent ?

Parole zen

*Tout sur cette terre
a sa fonction, chaque
maladie a une plante
pour la guérir
et chaque homme
a sa destinée.*

Mourning Dove

La découverte, c'est de savoir qu'il n'y a pas de « Grand Savoir », qu'il suffit de voir la réalité, de ne faire qu'un avec soi-même.

Helen Thomson

NUL NE PEUT
ATTEINDRE L'AUBE
SANS PASSER
PAR LE CHEMIN
DE LA NUIT.

Khalil Gibran,
Le Prophète (1923)

LE DESTIN CONDUIT
CELUI QUI VEUT,
IL TRAÎNE CELUI
QUI NE VEUT PAS.

Sénèque, *De la vie heureuse* (58)

On ne sait jamais rien. Sauf ce qui est sans importance.

René Barjavel, *La Tempête* (1982)

Il faut respecter les lois de la vie. Les lois de la vie sont des lois de lenteur, de longueur, de continuité.

François Varillon

Ta seule obligation en n'importe quelle vie est d'être vrai envers toi-même.

Richard Bach, *Illusions ou le messie récalcitrant* (1977)

Avant d'aller chercher le sens de la vie, aime la vie. Si tu aimes la vie, tu deviens un vivant.

Dostoïevski

HEUREUX QUI PLUS RIEN NE DÉSIRE !

Pierre de Ronsard

Il faut faire de chaque moment un souvenir impérissable.

Jean Gastaldi

Le clair de lune brillant de l'esprit, pur, sans souillure, sans tache, brise les vagues qui se ruent sur le rivage et l'inondent de lumière.

Taisen Deshimaru,
La Pratique du zen (1981)

AVEC LE TEMPS ET LA PATIENCE, LA FEUILLE DU MÛRIER DEVIENT DE LA SOIE.

Proverbe chinois

S'ÉLOIGNER DE TOUT RAPPROCHE UN PEU DE L'ESSENTIEL.

Loïck Peyron

Dans le moment confus que nous appelons temps présent, nul ne peut savoir ce qui est cendre et ce qui est essence, ce qui est poussière et ce qui germe.

Jean Guitton

Je suis seul avec les battements de mon cœur.

Lui-Chi

UN SEUL MOMENT DE JOIE CHASSE CENT MOMENTS DE TRISTESSE.

Proverbe chinois

La jeunesse est le temps d'étudier la sagesse, la vieillesse est le temps de la pratiquer.

Jean-Jacques Rousseau,
Les Rêveries du promeneur solitaire
(posthume)

La sérénité est le but le plus haut que tu puisses fixer à tes propres efforts.

Suryakanta

Allez au-delà du chemin, vers un rivage plus lointain où le monde se dissout et tout devient clair. Au-delà de ce rivage et du rivage plus lointain, au-delà de l'au-delà, où il n'y a ni début, ni fin, sans crainte, allez-y.

Bouddha

Ce qui est visible n'est que le reflet de ce qui est invisible.

Rabbi Abba bar Aybo

Ne cherche pas à t'opposer au monde des sens. Car si tu ne t'y opposes pas, tu verras que cela équivaut à l'éveil complet de ta conscience.

Sengcan

L'HOMME JUSTE EST LE PLUS TRANQUILLE DE TOUS LES HOMMES. L'INJUSTE EST LE MOINS.

Épicure

Tourne-toi vers le soleil, l'ombre sera derrière toi.

Proverbe maori

TOUS PEUVENT ENTENDRE MAIS SEULS LES ÊTRES SENSIBLES COMPRENNENT !

Khalil Gibran

POUR SAVOIR QUI TU ES, ÉCOUTE TON SILENCE…

Yanku

Meilleur que mille mots privés de sens est un seul mot raisonnable, qui peut amener le calme chez celui qui l'écoute.

Bouddha

Qui a la compassion possède tous les enseignements, qui ne l'a pas n'en possède aucun.

Shabkar

La beauté des choses existe dans l'esprit de celui qui les contemple.

David Hume

ON NE PEUT VOIR LA BEAUTÉ DES MONTAGNES ET DES GROTTES, ON NE PEUT APPRÉCIER LE VENT ET LA LUNE QUE SI ON NE POSSÈDE RIEN D'AUTRE.

Ikkyû Sojûn

La méditation consiste à être conscient de chaque pensée, de chaque sentiment ; à ne jamais les juger en bien ou en mal, mais à les observer et à se mouvoir avec eux. En cet état d'observation, on commence à comprendre tout le mouvement du penser et du sentir. De cette lucidité naît le silence.

Jiddu Krishnamurti

Face à l'éternité, les montagnes sont aussi éphémères que les nuages.

Robert Ingersoll

Le zen nous ramène, par notre travail sur nous-mêmes, au monde ordinaire pour devenir tout simplement des gens ordinaires.

Gudo Nishijima

Si tu bois l'eau de la vallée, respecte les lois de la vallée.

Proverbe tibétain

Pourquoi ne pourrait-on conserver toute sa vie la capacité à éprouver les délices de la terre et de l'herbe et de la pluie crépitante et du ciel étoilé ?

Astrid Lindgren

Les gens heureux n'ont pas besoin de se presser.

Proverbe chinois

Comment clarifier l'eau trouble ? Laissez-la reposer et elle cessera d'être trouble.

Confucius

CE QUI EST IMPORTANT, C'EST CETTE LUMIÈRE INTÉRIEURE QUI EST EN TOUS.

Jeanne Moreau

vous ne vivez rien que vous ne puissiez affronter, vous ne produisez rien que vous ne puissiez résoudre.

Jacques Salomé,
Le Courage d'être soi (2001)

heureux d'être. d'être quoi ? d'être simplement.

Julien Green

Quand tu tiens un grain de poussière, tu tiens l'univers dans ta main.

Lo P'u

Marcher dans la nature, c'est comme se trouver dans une immense bibliothèque où chaque livre ne contiendrait que des phrases essentielles.

Christian Bobin, *La Lumière du monde* (2001)

Sans la patience, il n'y a pas de sagesse.

Saadi, *Le Jardin des roses* (XIIIe siècle)

Le principe le plus grand ne peut être expliqué. Il n'est ni libre, ni attaché. Vivant en harmonie avec toute chose, il est toujours là, droit devant toi.

Niu-t'ou

IL N'Y A PAS DE LUMIÈRE PLUS GRANDE QUE CELLE DE LA SAGESSE.

Bouddha

L'ESSENTIEL EST SANS CESSE MENACÉ PAR L'INSIGNIFIANT.

René Char, *Recherche de la base et du sommet* (1955)

Qui contemple l'eau trouble perd de vue l'eau limpide.

Zhuangzi

Pour diminuer la souffrance,
il faut distinguer entre la douleur
propre à la douleur, et celle que
nous créons rien qu'en y pensant.
La peur, la colère, la culpabilité,
la solitude et le désespoir sont
autant de réactions émotionnelles
susceptibles de l'intensifier.

Tenzin Gyatso, 14e dalaï-lama

CELUI QUI VEUT
ARRIVER À LA RIVE
OPPOSÉE DOIT
TRAVERSER LA RIVIÈRE.
ALORS POURQUOI
ATTENDRE ?

Sagesse des Indiens d'Amérique

Je suis convaincu
qu'un brin d'herbe
vaut bien la course
des étoiles.

Walt Whitman

Plus tu fais silence, et mieux tu entends.

Baba Ram Dass

Exploite au mieux chacun de tes sens ; savoure tous les plaisirs et toute la beauté du monde.

Helen Keller

LEVER LES YEUX VERS LE CIEL NOCTURNE, C'EST PLONGER SON REGARD VERS L'INFINI – SES DIMENSIONS EN SONT INCOMPRÉHENSIBLES ET PAR CONSÉQUENT SANS SIGNIFICATION.

Douglas Adams, *Le Guide du routard galactique* (1979)

Mais le moyen le plus efficace de ménager un espace paisible dans notre esprit, c'est la méditation.

Tulku Thondup, *L'Infini pouvoir de guérison de l'esprit* (2010)

Il n'y a pas de problème assez énorme pour qu'on ne puisse pas le fuir.

Richard Bach, *Illusions ou le messie récalcitrant* (1977)

La plus constante marque de sagesse, c'est une constante réjouissance.

Montaigne

Qui prend son temps n'en manque jamais.

Mikhaïl Boulgakov, *Cœur de chien* (1925)

EN PLEINE ANGOISSE, NE PERDS JAMAIS L'ESPOIR, CAR LA MOELLE LA PLUS EXQUISE EST DANS L'OS LE PLUS DUR.

Hafiz

Il n'est pas nécessaire de sortir pour mieux voir. Ni même de regarder par la fenêtre. Au contraire, reste au centre de ton être, car plus tu le quittes et moins tu apprends.

Lao Tseu

LA VÉRITÉ, C'EST CE QU'ON CROIT.

René Barjavel, *Colomb de la lune* (1962)

Ne cherchez pas le passé, ne cherchez pas le futur ; le passé est évanoui, le futur n'est pas encore advenu. Mais observez ici cet objet qui est maintenant.

Bouddha

LE JOUR DE VOTRE NAISSANCE, VOUS AVEZ COMMENCÉ À MOURIR : NE PERDEZ PLUS UN SEUL INSTANT !

Dilgo Khyentse Rinpoché,
Au seuil de l'Éveil

Chaque molécule prêche une loi parfaite,
chaque moment chante le vrai sutra :
la pensée la plus fugitive est infinie,
un seul cheveu suffit à remuer l'océan.

Shutaku

L'homme pauvre, ce n'est pas celui qui n'a rien, c'est celui qui envie.

Sénèque

Ta douleur vient que tu dépends du regard des autres,
et que tu ne connais rien de ta beauté.

Papaji

Les jours où le ciel est gris, le soleil n'a pas disparu à tout jamais.

Arnaud Desjardins, *Approches de la Méditation* (1989)

Certains regardent la vase au fond de l'étang, et d'autres contemplent la fleur de lotus à la surface de l'eau. Il s'agit d'un choix.

Tenzin Gyatso, 14e dalaï-lama

À quoi pourrais-je comparer cette vie ? À peine ai-je eu le temps de dire qu'elle est pareille à un éclair, à une goutte de rosée, que déjà elle n'est plus.

Sengai

Combien de fois abandonnons-nous notre chemin, attirés par l'éclat trompeur du chemin d'à côté.

Paulo Coelho, *Le Pèlerin de Compostelle* (1996)

Ce qui est dur et fort va vers la mort,
ce qui est doux et faible va vers la vie.

Lao Tseu

La profondeur d'un homme est dans sa puissance d'accueil.

Éloi Leclerc

Tu dois te concentrer
sur chaque journée,
te consacrer à elle
entièrement, comme
si l'incendie faisait
rage dans tes
cheveux.

Taisen Deshimaru

Les choses ne sont pas
difficiles à faire ; ce qui
est difficile, c'est de
nous mettre en état
de les faire.

Constantin Brâncusi

J'ai demandé à Dieu de
m'accorder le bonheur
et Dieu m'a répondu non.
Il a dit : je te donne ma
bénédiction, le bonheur
ne tient qu'à toi.

Claudia Minden Weisz

Souvent il est plus facile de vivre
avec tout le monde extérieur
qu'avec ce peuple intérieur que
nous portons en nous-même.

Pierre Nicole

De la méditation naît la sagesse.
Bouddha

Heureux les yeux qui
n'ont pas besoin
d'illusion pour voir ce que
le spectacle est grand.

Maurice Maeterlinck

**Tu peux voir le monde
obscur ou clair ;
suivant comme
tu le regardes,
il pleure ou il rit.**

Friedrich Rückert

**Je trouve mes lectures
dans la lumière du ciel.
C'est le livre le plus
profond qui soit et ce
n'est même pas moi qui
en tourne les pages.**

Christian Bobin, *Tout le monde est occupé* (1999)

C'EST DANS LA ROSÉE
DES PETITES CHOSES
QUE LE CŒUR TROUVE
SON MATIN ET SE
RAFRAÎCHIT.

Khalil Gibran

La plus grande gloire n'est pas de ne jamais tomber, mais de se relever à chaque chute.

Confucius

Comme les ruisseaux et les plantes, les âmes ont besoin de la pluie, mais d'une autre sorte : l'espoir, la foi, la raison de vivre. Sinon, même si le corps continue à vivre, l'âme dépérit.

Paulo Coelho, *Onze minutes* (2003)

Le monde entier n'est qu'un amas de clefs et une collection de serrures.

Michel Tournier, *Petites proses* (1986)

Nous avons besoin les uns des autres. Nous sommes responsables les uns des autres.

Tenzin Gyatso, 14e dalaï-lama

Les choses visibles sont faites de choses invisibles et pourtant bien réelles.

Albert Einstein

La vie est comme elle est. Tu dois marcher avec elle. Consacre-toi à l'instant présent. Laisse-le exister.

Jerry Brown

Dans la vie, les jeux sont donnés, mais avec un jeu donné, chacun peut faire une partie différente.

Goethe

Le sage connaît directement la coproduction interdépendante, il sait que les choses ont des causes, dépendent de circonstances, et que rien n'existe sans cause ni circonstance.

Bouddha

« C'est moi, c'est un autre », conçoit-on. Dépouille ce lien qui rend captif, c'est ainsi qu'on se libère de soi-même.

Mahasiddha Saraha

Ne juge pas la journée en fonction de la récolte du soir Mais d'après les graines que tu as semées.

Robert Louis Stevenson

Exister, c'est coexister.
Gabriel Marcel

Fais le bien et jette-le dans la rivière : un jour il te sera rendu dans le désert.

Djalâl ad-Dîn Rûmî

Si tu veux comprendre facilement la philosophie zen, contente-toi de faire le vide dans ton esprit, où que tu sois, vingt-quatre heures sur vingt-quatre, jusqu'à ce que, spontanément, tu trouves la Voie.

Ying-An

Combien noble est celui qui ne veut être ni maître ni esclave.

Khalil Gibran,
Sable et Écume
(1926)

Le sage est calme et serein. L'homme de peu est toujours accablé de soucis.

Confucius

L'homme porte le mystère de la vie qui porte le mystère du monde.

Edgar Morin

La vie en elle-même est une toile vide. Elle devient ce que vous peignez dessus. Vous pouvez peindre la misère ou vous pouvez peindre la joie. Cette liberté est votre splendeur.

Osho, *Perles de sagesse* (1993)

Là où tu te trouves se trouvent tous les autres mondes.

Proverbe hassidique

Meilleur que mille mots sans utilité est un seul mot bénéfique, qui pacifie celui qui l'entend.

Dhammapada

Ce qui compte ne peut pas toujours être compté, et ce qui peut être compté ne compte pas toujours.

Albert Einstein, *Comment je vois le monde* (1934)

On dit de la philosophie zen que c'est l'index qui montre le cœur de l'homme. Cet index pointe sur l'expérience de la Réalité, sur la vie telle qu'elle est, sans la médiation des mots ni des idées.

Anne Bancroft, *Zen : l'expérience directe de la réalité* (1979)

Les soucis enlaidissent,
c'est la joie qui fait fleurir.

Proverbe berbère

Deviens ce que tu n'es pas encore. Reste ce que tu es déjà. Dans ce devenir et ce rester, réside tout ce qu'il y a de beau sur terre.

Franz Grillparzer

Sur les flots, sur les grands chemins, nous poursuivons le bonheur. Mais il est ici, le bonheur.

Horace, *Épîtres* (19 ou 18 avant Jésus-Christ)

L'HOMME QUI OBSERVE ÉVOLUE CONTINÛMENT JUSQU'À NE FAIRE QU'UN AVEC LE COURANT DES CHOSES.

Jiddu Krishnamurti

LA DOUCEUR L'EMPORTE SUR LA DURETÉ, ET LA FAIBLESSE SUR LA FORCE.
Lao Tseu

Il ne s'agit pas d'être brillant, ou particulièrement clairvoyant. Il s'agit surtout d'exister au quotidien.

Helen Exley

Ta seule obligation en n'importe quelle vie est d'être vrai envers toi-même.

Richard Bach, *Illusions ou le messie récalcitrant* (1977)

L'HOMME A CE CHOIX : LAISSER ENTRER LA LUMIÈRE OU GARDER LES VOLETS FERMÉS.

Henry Miller

N'oublie pas que tout ce qui est grand sur terre a commencé par être petit.

Josemaria Escriva

*Le vrai thé est préparé avec
de l'eau puisée au fond du cœur,
lequel est insondable.*

Sen no Rikyu

**Traite une pierre comme
si elle était une plante, une
plante comme si elle était
un animal et un animal
comme s'il était un homme.**

Sagesse des Indiens d'Amérique

*J'inspire et je suis conscient
de tout mon corps. J'expire
et je suis conscient de tout
mon corps.*

Sûtra de la Pleine Conscience

À TOUS, LA VIE
DONNE TOUT,
MAIS LA PLUPART
L'IGNORENT.

Jorge Luis Borges, *Le Livre
de sable* (1975)

**Les voyages apportent la
puissance et l'amour. Si tu ne
vas nulle part, vagabonde sur
les chemins de ta propre
personne. Ils sont comme des
faisceaux de lumière,
continuellement changeants
et, en les explorant, tu
changeras à leur image.**

Djalâl ad-Dîn Rûmî

LE SAC DES DÉSIRS N'A PAS DE FOND.

Proverbe japonais

Être un homme c'est bien. Mais il y a mieux : être humain.

Jules Romains

Quand on retourne à la racine, on trouve le sens. Quand on s'égare dans les branches, on perd le goût véritable.

Seng T'san, troisième patriarche

Gardons en nous ce trésor inestimable
qui nous vient de l'enfance
et grâce auquel nous savons que les
seules choses qui comptent sont celles
qu'on ne compte pas, et les seules
choses qui durent sont celles que
notre sensibilité endure.

François Garagnon

Qui est riche ? Celui qui se contente de ce qu'il a.

Pirke Avot, 4, 1

Bonne est l'action qui n'amène aucun regret et dont le fruit est accueilli avec joie et sérénité.

Bouddha

TELLE EST LA VIE, TOMBER SEPT FOIS ET SE RELEVER HUIT.

Haïku japonais

Il nous faut naître deux fois pour vivre un peu, ne serait-ce qu'un peu : il nous faut naître par la chair et ensuite par l'âme.

Christian Bobin, *La Plus que vive* (1996)

Le moyen d'user de la vie,
c'est de ne rien faire en agissant.
Le moyen d'user de la vie,
c'est de tout faire en existant.

Lao Tseu

Il n'importe guère qu'un être soit croyant ou non : il est beaucoup plus important qu'il soit bon.

Tenzin Gyatso, 14e dalaï-lama

Qui ne connaît la valeur des mots ne saurait connaître les hommes.

Confucius

Ne dites pas que la lune existe lorsque les nuages s'en vont ; elle a toujours été là, parfaitement claire.

Zenkei Shibayama

Si un homme s'aperçoit d'un problème et ne contribue pas à le résoudre, alors il fait partie du problème lui-même.

Sagesse des Indiens d'Amérique

L'homme maître de soi n'aura point d'autre maître.

Proverbe chinois

Si tu améliores le présent, ce qui viendra ensuite sera également meilleur.

Paulo Coelho, *L'Alchimiste* (1988)

NOUS SOMMES ICI, C'EST MAINTENANT. AU-DELÀ, TOUTE CONNAISSANCE HUMAINE EST COMME UN RAYON DE LUNE.

Henry Louis Mencken

Les crises sont toujours un enrichissement : elles obligent à trouver des solutions inespérées.

René Dubos

Ne prenez pas à la légère les plus petits actes de bien. Les gouttes d'eau en s'ajoutant remplissent une immense jarre.

Patrul Rinpoché, *Le Chemin de la grande perfection* (1997)

ABATS TOUTE LA FORÊT DE TES DÉSIRS, ET PAS SEULEMENT UN SEUL ARBRE.

Dhammapada

Commence par faire le nécessaire, puis fais ce qu'il est possible de faire, et tu réaliseras l'impossible sans t'en apercevoir.

Saint François d'Assise

C'est par le désir que le monde est lié, par l'assujettissement du désir qu'il est libéré.

Bouddha

Les trois secrets
de la sagesse :
n'écoute pas le mal,
ne vois pas le mal,
ne dis pas le mal.

Dominique Lapierre

Oublie les années, oublie les distinctions. Saute dans le sans-limites et fais-en ta demeure.

Zhuangzi

Dans la vie d'un Indien, les mauvais jours n'existent pas. Même pas aux moments les plus pénibles. Chaque jour est bon. Chaque jour est bon parce que tu es en vie.

Sagesse des Indiens crows

Si avec un mental impur, quelqu'un parle ou agit, alors la douleur le suit d'aussi près que la roue qui suit le sabot du bœuf.

Dhammapada

CE QU'ON NE VEUT PAS SAVOIR DE SOI-MÊME FINIT PAR ARRIVER DE L'EXTÉRIEUR SOUS FORME DE DESTIN.

Carl Gustav Jung, *L'Homme à la découverte de son âme* (1963)

La vieillesse, c'est l'hiver pour les ignorants et le temps des moissons pour les sages.

Proverbe juif

Du dehors, personne ne peut te pervertir si tu ne le désires pas toi-même. C'est l'auguste liberté que le principe premier a laissée à la disposition de l'homme.

Omraam Mikhaël Aïvanhov

Notre crainte la plus grande n'est pas d'être inadéquat et stupide. Notre crainte la plus grande est d'être puissant au-delà du possible. C'est notre lumière et non notre ombre qui nous fait le plus peur.

Nelson Mandela, discours d'investiture à la présidence de l'Afrique du Sud

APPLIQUEZ-VOUS À GARDER EN TOUTE CHOSE LE JUSTE MILIEU.

Confucius

Cherche la réponse en ce même lieu d'où t'est venue la question.

Djalâl ad-Dîn Rûmî

Sois toujours satisfait car celui qui connaît la satisfaction, même s'il ne possède rien, est véritablement riche.

Nâgârjuna

CELUI QUI VA LENTEMENT ARRIVERA RAPIDEMENT.

Milarépa

PAS DE VEILLE, PAS DE LENDEMAIN, PAS D'AUJOURD'HUI.

Sengcan

Lorsque l'esprit est libre, tout est libre autour de soi.

Dôgen, *Shôbôgenzô* (1231-1253)

Libère-toi de tes peurs, repose-toi sur tes aides intérieures, fais confiance à la vie, et elle te le rendra. Tu es capable de plus que tu ne le penses.

Ralph Waldo Emerson

Bien que ma vue soit aussi vaste que le ciel, mes actions et mon respect pour la loi de cause à effet sont aussi fins que des grains de farine.

Padmasambhava

Le monde est aveugle. Rares sont ceux qui voient. L'esprit est difficile à maîtriser et instable. Il court où il veut. Il est bon de le dominer. L'esprit dompté assure le bonheur.

Bouddha

La vie ne peut être comprise que par le regard que l'on jette sur son propre passé et elle ne peut être vécue que par le regard que l'on jette sur son avenir.

Søren Kierkegaard

La seule façon d'accomplir est d'être.

Lao Tseu

LES RELATIONS SONT SÛREMENT LE MIROIR DANS LEQUEL ON SE DÉCOUVRE SOI-MÊME.

Jiddu Krishnamurti

Nous sentons nos liens se défaire chaque fois que, par exemple, nous réagissons pleinement à la beauté, en sachant que cette réaction nous comble merveilleusement. Cela nous aide à vivre le moment présent sans trop nous attacher au passé.

Anne Bancroft

Tout ce qui devient une habitude tue notre capacité à répondre spontanément et dans le moment présent.

Osho, *Perles de sagesse* (1993)

Une vie heureuse est impossible sans la sagesse, l'honnêteté et la justice, et celles-ci à leur tour sont inséparables d'une vie heureuse.

Épicure, *Lettre à Ménécée*
(IVe-IIIe siècle avant Jésus-Christ)

Tu dois avoir la tête toujours froide, le cœur toujours chaud et la main toujours ouverte.

Confucius

TOUT EST ENFERMÉ DANS L'HOMME, IL EST LE COMPLÉMENT ET L'ACHÈVEMENT DE TOUT.

Sefer Ha Zohar (« Livre de la Splendeur et de la Loi »)

Au tamis de la vie je n'ai gardé que les paillettes et tout le sable est parti au fil de l'eau.

Yvan Audouard, *Les Nouveaux Contes de ma Provence* (1987)

La plus grande révélation est le silence.

Lao Tseu

Par l'effort, par la vigilance, par la discipline, par la maîtrise de soi, le sage se crée une île que l'inondation ne submerge pas.

Bouddha

LA VIE EST COMME LA JOURNÉE : ELLE A SES HEURES MORTES.

Louise Ackerman, *Pensées d'une solitaire* (1903)

Mieux vaut avoir moins de tonnerre sur sa langue et plus d'éclairs dans sa main.

Sagesse des Indiens d'Amérique

Retrouver la fraîcheur du regard, oublier ce que l'on croit savoir, se tenir devant les êtres et les choses comme si on les voyait pour la première fois.

André Frossard

Le bonheur, quel qu'il soit, apporte air, lumière et liberté de mouvement.

Friedrich Nietzsche

Les vérités découvertes par l'intelligence demeurent stériles. Le cœur est seul capable de féconder ses rêves.

Anatole France, *Les Opinions de Jérôme Coignard* (1893)

Si tu veux comprendre l'esprit zen, commence maintenant, sans hésiter, sans tourner la tête à droite et à gauche. Car pendant que tu fais cela, ce que tu cherchais a déjà disparu.

Daisetz Teitaro Suzuki, *Essais sur le bouddhisme zen* (2003)

MÊME SI LE LIEU DE MÉDITATION EST EXIGU, IL RENFERME L'UNIVERS. MÊME SI NOTRE ESPRIT EST PETIT, IL EST ILLIMITÉ.

Sekito Kisen

Il faut lutter pour ses rêves, mais il faut savoir également que quand certains chemins se révèlent impossibles, mieux vaut garder son énergie pour parcourir d'autres routes.

Paulo Coelho, *Comme le fleuve qui coule* (2006)

De même qu'un roc massif n'est pas ébranlé par la tempête, ainsi le sage n'est pas agité par le blâme ou la louange.

Bouddha

Devant la difficulté, il est extrêmement utile de savoir se mettre à la place de l'autre.

Tenzin Gyatso, 14e dalaï-lama

Il y a deux mondes :
un monde caché
et un monde révélé.
Mais ces deux mondes
ne forment en réalité
qu'un seul monde.

Rabbi Eliezer ben Hourcanos

MATH MAZZATHV
PATRIÆ ORNAMENTO
SVI ET SVORVM
AC BENE GVBERNATIV
COMODO · F · F ·

Soyez au-dessus des louanges et des blâmes mesquins que distribue le monde.

Swami Ramdas

Dans l'action, contente-toi d'agir. En pensant, contente-toi de penser, mais avant tout, cesse l'agitation de ton mental.

Yunmen Wenyan

Laissez mourir le passé à chaque instant. Vous n'en avez pas besoin. N'y faites référence que lorsque c'est absolument de mise pour le présent. Ressentez le pouvoir de cet instant et la plénitude de l'Être. Sentez votre présence.

Eckhart Tolle, *Le Pouvoir du moment présent* (2000)

LE POÈME DE LA CRÉATION NE S'ARRÊTE JAMAIS ; MAIS RARES SONT LES OREILLES CAPABLES DE LE CAPTER.

Henry David Thoreau

La vie possède un secret, celui du constant étonnement.

Gilbert Keith Chesterton, *Carnets*

Nous devons être des vagabonds célestes, rompre avec le système et nous jeter à la rue afin de dire aux gens qu'est possible l'espérance.

Jack Kerouac, *Les Clochards célestes* (1957)

La nature prouve qu'elle nous veut du bien puisqu'en nous donnant les larmes elle nous donne le meilleur : la sensibilité.

Juvénal

Si nous pouvons sourire, nous avons la bonté en nous, toujours.

Chögyam Trungpa Rinpoché

La liberté intérieure est un idéal à conquérir, qui ne dépend pas de la société environnante, mais de soi.

Hélie de Saint-Marc, *Toute une vie* (2004)

Parfois je parcours la vie empli de compassion pour moi-même. Mais il y a toujours des vents forts qui me portent d'un horizon à l'autre.

Sagesse des Indiens ojibwas

Faire de grands discours éloquents n'est pas une preuve de sagesse. L'homme apaisé, sans haine ni peur, mérite d'être appelé sage.

Bouddha

L'HOMME PEUT AGRANDIR
LA VOIE, CE N'EST PAS LA VOIE
QUI AGRANDIT L'HOMME.

Confucius

Tout le bonheur qu'il y a dans ce monde vient du souci des autres, et toute la souffrance vient de ce qu'on ne se préoccupe que de soi.

Shantideva

Le plus beau des cadeaux que quelqu'un puisse vous faire n'est pas de vous aimer mais de vous apprendre à vous aimer.

Jacques Salomé,
Lettres à l'intime de soi
(2001)

Sachant que les possessions sont éphémères et dénuées d'essence, pratique avec respect la générosité.

Nâgârjuna

EN ATTEIGNANT LE BUT, ON A MANQUÉ TOUT LE RESTE.

Proverbe japonais

Le soleil poursuit son propre chemin. Il apporte la lumière et l'emporte avec lui. La terre y répond toujours et sans fin.

Sagesse des Indiens ojibwas

L'esprit a beau faire plus de chemin que le cœur, il ne va jamais si loin.

Proverbe chinois

Je me contente de jouir le monde sans m'en empresser, de vivre une vie seulement excusable, et qui seulement ne pèse ni à moi ni à autrui.

Montaigne, *Essais*

On fit comme toujours un voyage au loin de ce qui n'était qu'un voyage au fond de soi.

Victor Segalen, *Équipée. De Pékin aux marches tibétaines* (1929)

Tout homme veut être heureux ; mais pour parvenir à l'être, il faudrait commencer par savoir ce que c'est que le bonheur.

Jean-Jacques Rousseau, *Émile, ou De l'éducation* (1762)

C'est une perle rare en ce monde que d'avoir un cœur sans désir.

Bouddha

Au lieu de vous arrêter sur ce qui vous manque, apprenez à vous réjouir pour toutes les inépuisables richesses de la vie, et vous deviendrez vous-même plus vivant.

Omraam Mikhaël Aïvanhov

La connaissance est le trésor suprême, les enfants sont le trésor du milieu, la richesse matérielle est le trésor le plus bas.

Proverbe mongol

QUI VEUT ÊTRE RICHE NE SERA PAS BON ; QUI VEUT ÊTRE BON NE SERA PAS RICHE.

Meng Tseu

SI LA VIE VOUS JETTE PAR TERRE, LEVEZ LES YEUX : IL Y A DES ÉTOILES AU-DESSUS DE VOUS.

Guy Finley

LA RÉALITÉ EST SI BELLE. ELLE EST COMME UNE TROUÉE DE SOLEIL À TRAVERS LE FEUILLAGE D'UN BOULEAU ARGENTÉ.

Helen Exley

Le bonheur, on ne le trouve pas, on le fait. Le bonheur ne dépend pas de ce qui nous manque, mais de la façon dont nous nous servons de ce que nous possédons.

Arnaud Desjardins

Qui peut clarifier l'eau boueuse ? Laisse-la en paix un moment et elle se clarifiera toute seule. Qui peut garantir les conditions du repos ? Laisse le mouvement se poursuivre, et le moment du repos viendra de lui-même.

Tao-tö-king (« Le Livre de la Voie et de la Vertu »)

Acceptez la vie comme elle vient. La voie la plus sûre pour découvrir la vérité est de ne plus résister à ce qui se présente.

Jean Klein

La Terre nous aime. Elle se réjouit quand elle nous entend chanter.

Sagesse des Indiens blackfoot

L'être qui connaît l'Éveil n'a plus à suivre un quelconque code moral imposé de l'extérieur. Il fait le bien de façon naturelle et se garde de faire le mal, du plus profond de son cœur.

Daisetz Teitaro Suzuki, *Essais sur le bouddhisme zen* (2003)

Je ne cherche pas à connaître les réponses, je cherche à comprendre les questions.

Confucius

De même qu'une abeille, sans rien ôter à la fleur de sa couleur ni de son parfum, se contente d'en butiner le suc, de même le sage se promène à travers le village.

Dhammapada

Un esprit joyeux évite et guérit toutes les souffrances mentales et physiques.

Swami Ramdas

Le cœur est de la même substance que le ciel.

Hong Zicheng, *Propos sur la racine des légumes* (XVIe-XVIIe siècle)

Un vivant doit avant tout soigner son corps. Qui ne veut pas soigner son corps ferait mieux de quitter le monde.

Zhuangzi

L'esprit doit être une étendue comme le ciel. On doit laisser les événements mentaux se disperser comme les nuages.

Longchenpa

LA PENSÉE DE LA MORT NOUS TROMPE, CAR ELLE NOUS FAIT OUBLIER DE VIVRE.

Luc de Clapiers, marquis de Vauvenargues, *Réflexions et Maximes* (1746)

Pensez que vous pouvez ou pas, dans les deux cas, vous avez raison.

Henry Ford

L'ESPACE D'UNE VIE EST LE MÊME, QU'ON LE PASSE EN CHANTANT OU EN PLEURANT.

Proverbe japonais

La peur existe quand je désire vivre dans un modèle particulier. Vivre sans peur signifie vivre sans aucun modèle particulier. La peur surgit quand j'exige une façon de vivre particulière.

Jiddu Krishnamurti

Chaque fois que tu essaies d'atteindre ta cible, tu lui tournes le dos.

Parole zen

DEPUIS LES TEMPS ANCIENS, LES MAÎTRES SPIRITUELS DE TOUTES TRADITIONS ONT INDIQUÉ LE MAINTENANT COMME LA CLÉ DE LA DIMENSION SPIRITUELLE.

Eckhart Tolle

La pensée dans l'absence de pensée est la manifestation de l'activité absolue.

Heze Shenhui

Tant que nous croyons qu'il existe un endroit à fuir, il n'y a pas de véritable libération. La libération ultime surviendra quand nous ouvrirons les yeux et verrons que tout est ici et maintenant.

Menahem Mendel Schneerson

C'est l'endroit où l'eau est profonde qu'elle est la plus calme.

William Shakespeare,
Le Songe d'une nuit d'été
(1594-1595)

La vigilance est le chemin de l'immortalité, la négligence est le chemin de la mort. Ceux qui sont vigilants ne meurent jamais, ceux qui sont négligents sont déjà morts.

Dhammapada

EN ME RÉVEILLANT, CE MATIN, JE SOURIS. VINGT-QUATRE HEURES TOUTES NEUVES SE TIENNENT DEVANT MOI.

Thich Nhat Hanh, *La Sérénite de l'instant. Paix et joie à chaque pas* (1992)

Le bonheur véritable est dans le fond de l'âme.

Louis-Claude Chéron de La Bruyère, *L'Homme à sentimens, ou le Tartuffe de mœurs* (1789)

L'ÂME EST CE QUI VOIT LA BEAUTÉ, MÊME LORSQUE LE MENTAL LA NIE.

Neale Donald Walsch, *L'Amitié avec Dieu : un dialogue hors du commun* (2000)

Il y a des hommes qui ne font que travailler et qui ne trouvent pas le temps de rêver. Seul celui qui rêve arrivera à trouver la sagesse.

Smohalla

Des mondes infinis apparaissent et disparaissent dans le vaste espace de ma pensée, comme des nuages de poussière dansant dans un rayon de lumière.

Extrait d'un texte sanskrit

Le bonheur est le résultat de l'action juste.

Swami Prajnanpad

Un flocon de neige ne tombe jamais au mauvais endroit.

Sagesse zen

Accomplis ta tâche, puis fais un pas en arrière.
C'est le seul chemin qui conduise à la sérénité.

Lao Tseu

Que l'on s'efforce d'être pleinement humain et il n'y aura plus de place pour le mal.

Confucius

Fiez-vous au message du maître, non à sa personnalité ; fiez-vous au sens, non aux mots seuls ; fiez-vous au sens ultime, non au sens relatif ; fiez-vous à votre esprit de sagesse, non à votre esprit ordinaire qui juge.

Bouddha

Le bonheur se distingue du plaisir : ce dernier n'est pas lié au sentiment de l'existence, on ne s'y oublie pas en tant qu'être singulier.

Tenzin Gyatso, 14e dalaï-lama

Quand les hommes s'enchaînent eux-mêmes, il n'y a pas besoin de corde.

Sagesse zen

L'ORIGINE DE TOUTE JOIE EN CE MONDE EST LA QUÊTE DU BONHEUR D'AUTRUI.

Shantideva

Lorsque dans votre cour vous rencontrez un homme trop las pour vous donner un sourire, laissez-lui le vôtre. Car nul n'a plus besoin d'un sourire que celui qui n'en a plus à offrir.

Maxime chinoise

LES VAGUELETTES, INLASSABLEMENT, SE FORMENT À LA SURFACE DU COURANT ; MAIS ELLES NE POURRAIENT EFFACER LE REFLET DE LA LUNE QUI Y A ÉTABLI SA DEMEURE.

Dôgen, *Shôbôgenzô* (1231-1253)

Une bonne chose n'est jamais aussi bonne que rien.

Parole zen

Cherchez sans cesse à progresser en tranquillité, en bonheur, en confiance, c'est l'attitude la plus efficace. N'écoutez pas les suggestions contraires qui vous viennent du dehors.

Aurobindo Ghose

Nul besoin de collines et de ruisseaux pour une méditation paisible. Quand la conscience s'éteint le feu se rafraîchit de lui-même.

Zenrin Kushu

Ni aimer, ni haïr, c'est la moitié de la sagesse humaine ; ne rien dire et ne rien croire l'autre moitié. Mais avec quel plaisir on tourne le dos à un monde qui exige une pareille sagesse.

Arthur Schopenhauer, *Aphorismes sur la sagesse dans la vie* (1887)

Exige beaucoup de toi-même et attends peu des autres. Ainsi beaucoup d'ennuis te seront épargnés.

Confucius

Laissez à la sagesse la liberté de se faire entendre : elle s'empressera de vous aider de ses conseils dans les affaires épineuses.

Socrate

La feuille tombée retourne à sa racine.

Koan bouddhiste

Lâche prise. Fais le vide. Deviens silencieux, clair et calme.

Ying-An

Dans la mesure où une chose convient à notre nature, elle est nécessairement bonne.

Spinoza, *Éthique* (1677)

C'est dans l'émerveillement que l'on découvre toute la lumière et toute la vérité, parce que c'est dans l'émerveillement que l'amour se nourrit, parce que c'est dans l'émerveillement que l'existence atteint toutes ses dimensions.

Maurice Zundel

Vous êtes une flûte par laquelle le murmure des heures se transforme en musique.

Khalil Gibran

Nous réalisons que ce que nous accomplissons n'est qu'une goutte dans l'océan. Mais si cette goutte n'existait pas dans l'océan, elle manquerait.

Anjezë Gonxhe Bojaxhiu (Mère Teresa)

Quand on trouve le courage et le goût de sourire après chaque tempête, on peut espérer faire très bon ménage avec le bonheur.

Berthe Bernage

Remporter cent victoires en livrant cent batailles n'est pas le plus grand talent. Le plus grand talent, c'est de soumettre l'ennemi sans livrer bataille.

Sun Tzu

L'ARBRE EST LE MIROIR DE L'EXISTENCE. IL CHANGE, IL SE TRANSFORME, SE RENOUVELLE ET POURTANT, IL RESTE TOUJOURS LE MÊME.

Sagesse des Indiens ojibwas

Le silence de la montagne est encore plus beau lorsque les oiseaux se sont tus.

Taisen Deshimaru

Toute descente en soi, tout regard vers l'intérieur, est en même temps ascension, assomption, regard vers la véritable réalité extérieure.

Novalis

Pour un esprit en paix, il n'y a pas de mauvais lieu.

Kodo Sawaki, *Où exactement veux-tu aller ?*

SACHE RECONNAÎTRE L'OISEAU QUI PASSE PAR TA MAISON. TOUJOURS IL Y AURA UN CHANT AU MOMENT LE PLUS DUR DU CHEMIN.

Pierre Morency, *La Vie entière* (1996)

L'homme vertueux est semblable à l'arbre gigantesque dont l'ombrage bienfaisant donne aux plantes qui l'entourent la fraîcheur et la vie.

Jiddu Krishnamurti

La mort ne surprend point le sage. Il est toujours prêt à partir.

Jean de la Fontaine, « La Mort et le Mourant », *Les Fables* (1668-1678)

IL EXISTE UNE FAÇON DE SAVOIR SI VOTRE MISSION SUR TERRE EST TERMINÉE : SI VOUS ÊTES VIVANT, C'EST QU'ELLE NE L'EST PAS.

Richard Bach, *Illusions ou le messie récalcitrant* (1977)

Le chemin n'est pas difficile, à condition de ne pas vouloir, et de ne pas refuser de vouloir.

Zhaozhou Congshen

Le meilleur moyen de voir les choses comme elles sont, c'est de retirer nos lunettes colorées. Le monde comme il est, sans rien d'extraordinaire, est la merveille des merveilles.

Maître Sessan

NE TE CROIS PAS AUSSI GRAND JUSQU'À PENSER ET VOIR LES AUTRES PLUS BAS QUE TOI.

Confucius

Si, avec un mental pur, quelqu'un parle ou agit, alors le bonheur le suit comme l'ombre qui jamais ne le quitte.

Bouddha

Le bonheur ne se trouve pas avec beaucoup d'effort et de volonté, mais réside là, tout près, dans la détente et l'abandon.

Guendune Rinpoché, *Le Bonheur* (1997)

ÊTRE HEUREUX, C'EST SAVOIR SE CONTENTER DE PEU.

Épicure, *Maximes capitales* (IVe-IIIe siècle avant Jésus-Christ)

La sagesse ne s'apprend pas, elle brille dans votre étoile.

Paul Fleming, *Weisheit* (1635)

Le bonheur, c'est de continuer à désirer ce qu'on possède.

Saint Augustin

Ce que l'on rencontre dans la vie est la destinée, la façon dont on la rencontre est l'effort personnel…

Sai Baba

Souviens-toi qu'au moment de ta naissance tout le monde était dans la joie et toi dans les pleurs. Vis de manière qu'au moment de ta mort tout le monde soit dans les pleurs et toi dans la joie.

Proverbe arabe

SOUFFRE, MEURS OU GUÉRIS ; MAIS SURTOUT VIS JUSQU'À TA DERNIÈRE HEURE.

Jean-Jacques Rousseau, *Émile, ou De l'éducation* (1762)

Pas de plus grand malheur que d'être insatiable. Pas de pire fléau que l'esprit de convoitise. Qui sait se borner aura toujours assez.

Lao Tseu

LA VIE HUMAINE EST UNE ROSÉE PASSAGÈRE.

Proverbe japonais

Le véritable voyage de découverte ne consiste pas à chercher de nouveaux paysages, mais à avoir de nouveaux yeux.

Marcel Proust

Le but est le chemin lui-même. Prenez plaisir maintenant. L'éternité est ici.

Nashti

VOUS AVEZ RENDEZ-VOUS AVEC VOTRE VIE DANS LE PRÉSENT. SI VOUS RATEZ CE RENDEZ-VOUS, VOUS RISQUEZ AUSSI DE RATER VOTRE VIE.

Thich Nhat Hanh

Si le problème a une solution, il ne sert à rien de s'inquiéter. Mais s'il n'en a pas, alors s'inquiéter ne change rien.

Proverbe tibétain

Même le plus sage entre les sages doit vivre chaque étape du développement de sa conscience pour lui-même. Il ne pourra découvrir que ce qu'il est prêt à découvrir.

René Adolphe Schwaller de Lubicz

DANS LA MORT, IL Y A BEAUCOUP PLUS DE RENCONTRES QUE DE SÉPARATIONS.

Abbé Pierre

LE TOURMENT DES HOMMES NE VIENT PAS DES CHOSES, MAIS DES IDÉES QU'ILS ONT DES CHOSES.

Épictète

Toutes les fleurs de l'avenir sont dans les semences d'aujourd'hui.

Proverbe chinois

Lorsque nos intentions sont égoïstes, le fait que nos actes puissent paraître bons ne garantit pas qu'ils soient positifs ou éthiques.

Tenzin Gyatso, 14e dalaï-lama

Ne croyez pas les individus, fiez-vous aux enseignements ; ne croyez pas les mots, fiez-vous au sens ultime, ne croyez pas l'intellect, fiez-vous à la sagesse.

Bouddha

Aucune expérience humaine n'est dénuée de sens ou indigne d'analyse.

Primo Levi, *Si c'est un homme* (1945-1947)

Il y a une grande vérité en ce monde : qui que tu sois et quoi que tu fasses, lorsque tu veux vraiment quelque chose, c'est que ce désir est né de l'âme de l'Univers. C'est ta mission sur la Terre.

Paulo Coelho, *L'Alchimiste* (1988)

Il y a le réel et il y a l'irréel. Au-delà du réel et au-delà de l'irréel, il y a le profond.

Henry de Montherlant, *Le Maître de Santiago* (1947)

L'illusion fondamentale de l'humanité est de supposer que je suis là et que tu es ailleurs.

Yasutani Roshi

Les seules pensées zen que vous puissiez trouver en haut d'une montagne sont celles que vous avez apportées avec vous.

Robert Pirsig, *Traité du zen et de l'entretien des motocyclettes* (1974)

C'est toujours ce qui éclaire qui demeure dans l'ombre.

Edgar Morin, *Le Paradigme perdu : la nature humaine* (1973)

SOIS LA FALAISE SUR LAQUELLE LES VAGUES VIENNENT CONTINUELLEMENT SE BRISER, MAIS QUI RESTE DEBOUT ET QUI CALME LA FURIE DES EAUX ENVIRONNANTES.

Marc Aurèle, *Pensées à moi-même* (IIe siècle)

Merveille des merveilles… Si on écoute avec ses oreilles, on n'entend rien. Si on écoute avec ses yeux, on comprend tout.

Nakao Tozan

Frère en vérité, si tu as la paix en toi, tu pourras alors rire plus fort que ta misère.

Charif Barzouk

Et soudain, ton corps et ton esprit sont lavés de toute existence. C'est ce qu'on appelle s'abandonner. Lorsque tu reprends ton souffle, c'est comme si tu buvais de l'eau en sachant qu'elle est froide. C'est une joie inexprimable.

Hakuin Ekaku

Quand les jours sont ainsi semblables les uns aux autres, c'est que les gens ont cessé de s'apercevoir des bonnes choses qui se présentent dans leur vie.

Paulo Coelho, *L'Alchimiste* (1988)

Pour connaître le monde, il suffit de l'écouter. Ce que l'on voit dans les voyages n'est jamais qu'un trompe-l'œil. Des ombres à la poursuite d'autres ombres.

Amin Maalouf, *Le Périple de Baldassare* (2000)

Chaque chose a sa nature particulière qui se développe suivant des lois précises. C'est pourquoi il ne faut jamais forcer l'issue d'une situation quelle qu'elle soit.

Kang Pi

Les oiseaux ont disparu dans le ciel. Le dernier nuage s'effiloche. Nous restons là tous les deux, la montagne et moi, jusqu'à ce qu'il ne reste plus que la montagne.

Li Po

Notre expiration est celle
de l'univers entier.
Notre inspiration est celle
de l'univers entier.
À chaque instant, nous réalisons
ainsi la grande œuvre illimitée.
Avoir cet esprit-là, c'est faire
disparaître tout malheur à
engendrer le bonheur absolu.

Kodo Sawaki

FIEZ-VOUS À VOTRE ESPRIT DE SAGESSE, NON À VOTRE ESPRIT ORDINAIRE QUI JUGE.

Bouddha

Les hommes sont différents dans la vie, semblables dans la mort.

Lao Tseu

La vie ne peut être comprise qu'en remontant à sa source première. Cette source est à jamais douce et sans fin.

Swami Ramdas

Il faut rendre visible tout ce qui est dissimulé et noircir tout ce qui est visible. En cela réside toute l'œuvre du sage.

Bernard de Trèves

Tu me demandes pourquoi
j'ai élu domicile dans les
bois sur la montagne,
et je souris, et je me tais,
et même mon âme fait
silence. Elle vit dans
cet autre monde qui
n'appartient à personne.
Le pêcher est en fleur.
La rivière coule.

Li Po

QUAND ON RENTRE EN SOI-MÊME, ON S'APERÇOIT QU'ON POSSÈDE EXACTEMENT CE QUE L'ON DÉSIRAIT.

Simone Weil

On ne peut pas tomber deux fois dans la même rivière.

Héraclite

J'ai trop peu de temps à vivre pour perdre ce peu.

François René de Chateaubriand, *Le Génie du christianisme* (1802)

Notre vie, à quoi la comparer ? À la goutte de rosée secouée du bec de l'oiseau aquatique, où se mire le reflet de la lune.

Dôgen

Ce que Dieu murmure à la rose pour qu'elle éclose en toute sa beauté, mille fois il le crie à mon oreille.

Djalâl ad-Dîn Rûmî

Tu veux connaître le mystérieux secret ? Alors regarde au fond de ton cœur, c'est là que le secret est dissimulé. Le secret est caché en toi ; là est la source de la vie et la source de la mort.

Hermès Trismégiste

Plus que sur toute chose, veille sur ton cœur. C'est de lui que jaillissent les sources de la vie.

Proverbes, 4, 23

Le bien qu'on fait la veille devient le bonheur du lendemain.

Proverbe hindou

REGARDE AU-DEDANS DE TOI : C'EST AU-DEDANS DE TOI QU'EST LA SOURCE DU BIEN, UNE SOURCE INTARISSABLE, POURVU QUE TU FOUILLES TOUJOURS.

Marc Aurèle, *Pensées à moi-même* (IIe siècle)

La seule limite de nos réalisations de demain, ce sont nos doutes d'aujourd'hui.

Franklin Delano Roosevelt

L'esprit n'est pas fait pour entraver, mais pour libérer.

Henry de Montherlant, *Malatesta* (1946)

TOUT CE QUE VOUS ENTASSEZ HORS DE VOTRE CŒUR EST PERDU.

Jean Giono, *Que ma joie demeure* (1936)

LA VIE N'EST QU'UN SONGE ! MAIS JE T'EN PRIE, NE ME RÉVEILLE PAS.

Proverbe juif

Le bonheur n'est pas de posséder des troupeaux et de l'or. C'est dans l'âme qu'est le siège de la béatitude.

Démocrite

Tous les composés sont impermanents. Quand vous percevez cela par l'intuition vraie alors, vous vous détachez de la souffrance.

Bouddha

Notre âme, en tant qu'elle perçoit les choses d'une façon vraie, est une partie de l'intelligence infinie de Dieu.

Spinoza, *Éthique* (1677)

C'est ici, et nulle part ailleurs, que tombent les jolis flocons de neige.

Sagesse zen

Ce jour ne reviendra plus. Chaque jour
est un joyau sans prix.

Takuan

La vie n'est pas
un problème
à résoudre
mais une réalité
à exprimer.

Bouddha

L'air de la montagne
étincelle au coucher
du soleil. Les oiseaux
volent en formation.
Il y a dans ces choses une
vérité fondamentale.
Mais lorsque je cherche
à l'expliquer, les mots
me manquent.

Tao Yuanming

**S'il existe un remède,
pourquoi s'attrister ?
S'il n'en existe pas, quel
profit trouvera-t-on dans
la tristesse ?**

Shantideva

*Parfois le mauvais
côté de la vie
m'apprend plus
de sagesse que
le bon côté.*

Sagesse des Sioux

Celui qui l'emporte sur les autres montre sa force. Celui qui l'emporte sur lui-même montre sa toute-puissance. Celui qui est satisfait de son sort est riche…

Lao Tseu

Prendre pour permanent ce qui est transitoire est illusion de fou.

Kalou Rinpoché

Le bruit du tonnerre est terrible mais sans substance, les couleurs de l'arc-en-ciel ravissantes mais éphémères. Ce monde plaisant à l'esprit n'est pourtant qu'un rêve.

Milarépa

On ne recommence plus, mais se souvenir, c'est presque recommencer.

Charles Nodier, *La Neuvaine de la chandeleur* (1839)

La conscience est la lumière de l'intelligence pour distinguer le bien du mal.

Confucius

Le passage vers le chemin doit être vide
à l'intérieur et tranquille à l'extérieur.
Toutes les choses, spontanément, doivent
être comme l'eau claire et immobile,
sur laquelle des myriades d'images se
reflètent, sans flotter ni couler à pic.

Fu-jung Tao-k'ai

CHAQUE JOUR EST UN BON JOUR.

Yun Men

Venir, repartir, la vie et la mort.
Un millier de hameaux, un million
de maisons. Ne comprends-tu pas ?
La lune est dans l'eau, les fleurs
de pêcher dans le ciel.

Gizan, peu de temps avant sa mort

La neige séjourne
longtemps sur les sols
pierreux, mais
disparaît vite sur les
terres cultivées.

Pétrone

CE QUI EST PASSÉ A FUI ; CE QUE TU ESPÈRES EST ABSENT ; MAIS LE PRÉSENT EST À TOI.

Proverbe arabe

En vivant dans l'abandon, vous êtes complètement libre.

Jean Klein, *Transmettre la lumière* (1994)

Je ne sais qu'une chose : que je ne sais rien.

Socrate

NE RESTONS PAS PRISONNIERS DE CE QUE L'ON CROIT AVOIR ATTEINT.

Yvan Amar

Celui qui a trouvé la Voie émoussera ses pointes acérées et dénouera les complications des choses. Il atténuera son propre éclat pour se mettre en harmonie avec l'ombre des autres.

Lao Tseu

L'éternité n'est pas quelque chose qui commence après notre mort. Elle ne cesse de se dérouler. Nous en faisons partie aujourd'hui.

Charlotte Perkins Gilman

Comme il est rafraîchissant, le hennissement du cheval de bât débarrassé de sa charge.

Sagesse zen

Gouverner par la vertu, c'est imiter la Polaire immobile cependant qu'autour d'elle se meuvent les étoiles.

Confucius

Les ignorants sont retenus dans les liens comme les poissons dans la nasse.

Theravada

Être une rose est ce que la rose fait de mieux, le lis être un lis. Chacun est le meilleur à sa place dans le monde. La seule obligation est de faire de son mieux.

Koan zen

La respiration d'un homme accompli vient des talons. Celle du vulgaire vient de la gorge.

Zhuangzi

Accorde-toi un moment de paix, et tu comprendras combien tes errances étaient folles.

Tscen Tshiju

La philosophie zen a ceci de particulier qu'elle voit tout dans sa plénitude, la natte de roseaux comme le crottin de cheval. Distinguer une part quelconque de la vie et lui donner une importance plus grande qu'aux autres précipite dans l'erreur de la dualité au lieu d'ouvrir à la réalité.

Anne Bancroft, *Zen*

Par la contemplation intérieure, nous trouvons à nous satisfaire en nous-même.

Liezi

Si toutes les pendules s'arrêtaient, quelle heure serait-il ?

Sagesse zen

Il est bon de franchir chaque jour une étape
Comme l'eau vive qui ne stagne pas.
Hier s'est enfui, l'histoire d'hier elle aussi est passée
Il convient aujourd'hui de conter une histoire nouvelle.

Djalâl ad-Dîn Rûmî

La satisfaction intérieure est en vérité ce que nous pouvons espérer de plus grand.

Spinoza, *Éthique* (1677)

La vérité est toute proche, le vrai trésor se trouve tout près, il n'est ni compliqué ni éloigné... mais nous sommes incapables de le voir.

Sûtra du Lotus

Il y a très longtemps, Descartes a dit : « Je pense, donc je suis. » C'est le début de la philosophie. Mais si tu ne penses pas, qu'arrive-t-il ? C'est le début de la pratique zen.

Seung Sahn, maître de zen

Chercher quelque chose veut dire que vous n'êtes pas ouvert à ce qui peut venir au-devant de vous, d'un instant à l'autre. Si votre attitude est innocente, réceptive au monde, vide de réaction, vous pouvez être sûr que vous rencontrerez ce qu'il faut rencontrer.

Jean Klein,
L'Insondable Silence (1986)

La vraie sagesse, la vraie supériorité ne se gagne pas en luttant mais en laissant les choses se faire d'elles-mêmes. Les plantes qui résistent au vent se cassent, alors que les plantes souples survivent aux ouragans.

Épicure, *Lettre à Ménécée*
(IVe-IIIe siècle avant Jésus-Christ)

Il faut toujours tout remettre au lendemain. Les trois quarts des choses s'arrangent d'elles-mêmes.

Henry de Montherlant, *Le Cardinal d'Espagne* (1960)

Le sage est ferme, il n'est pas obstiné.

Confucius

IL FAUT S'ABSTENIR ENTIÈREMENT DE RECHERCHER OU DE FAIRE CE QUI NE DÉPEND PAS DE NOUS.

Marc Aurèle, *Pensées à moi-même* (IIe siècle)

Pense à ce qui ne pense pas. Comment peux-tu penser à ce qui ne pense pas ? Ce n'est pas penser. C'est tout l'art de la méditation zen.

Dôgen

Je reste assis sans rien faire, le printemps arrive et l'herbe pousse toute seule.

Reginald Horace Blyth

Le profane trouve son bonheur dans le clinquant et la nouveauté. Le sage se réjouit de l'ordinaire.

Sagesse zen

Le sage se garde d'amasser.
Plus il vit pour les autres
et plus il s'enrichit,
plus il dispense aux autres
et plus il est comblé.

Lao Tseu

Une vie dénuée de pensée est décidément une mauvaise vie.

Dhammapada

Oh ! Si tu savais, si tu savais, terre excessivement vieille et si jeune, le goût amer et doux, le goût délicieux qu'a la vie si brève de l'homme.

André Gide, *Les Nourritures terrestres* (1897)

La vérité est un pays sans chemin.

Jiddu Krishnamurti

La victoire engendre la haine, le vaincu vit dans la souffrance. Le paisible vit heureux, abandonnant victoire et défaite.

Dhammapada

Si on ne pense qu'aux honneurs et à la fortune, il vaut mieux ne pas avoir de professeur. Alors je pousse ma grille, je ferme ma porte, je respire des poèmes et je chante des chansons pour moi seul.

Yoshishige No Yatsutane

Quand une fleur s'épanouit, le monde entier se révèle.

Zenrin Kushu

Celui qui, après avoir été négligent, devient vigilant, illumine la terre comme la lune émerge des nuées.

Bouddha

QUAND LA VIE N'EST PAS SOUMISE À UN CHOIX, ELLE A LA LIBERTÉ DE SE DÉPLOYER.

Jean Klein

Le secret que tous les grands maîtres tentent de nous enseigner réside dans la profonde inspiration que nous prenons en cet instant même.

Peter Matthiessen

Rien n'arrive à personne que la nature ne l'ait fait capable de le supporter.

Marc Aurèle, *Pensées à moi-même* (IIe siècle)

La neige la plus dense se noie dans la mer. Quel silence !

Parole zen

TOUS LES HOMMES PENSENT QUE LE BONHEUR RÉSIDE AU SOMMET DE LA MONTAGNE ALORS QU'IL SE TROUVE DANS LA FAÇON DE LA GRAVIR.

Confucius

Si deux influx ne se nuisent pas, leurs forces s'unissent.

Lao Tseu

Tout ce qui devient une habitude tue notre capacité à répondre spontanément et dans le moment présent.

Osho

Exercez-vous à voir large, net et simple, et allez tout droit, paisiblement, sans vous inquiéter de ce qui se dit.

Pierre Teilhard de Chardin

La pluie ruisselle sur la feuille de bambou. Ce ne sont pas des larmes de chagrin. Cette pensée est seulement l'expression de l'angoisse de celui qui les écoute.

Sagesse zen

Nos épreuves contribuent toujours à notre développement lorsque nous les regardons comme des opportunités de corriger les erreurs du passé ou d'acquérir sagesse et entendement.

Edgar Cayce

L'abeille pique le visage triste.

Proverbe japonais

L'homme regarde la fleur, la fleur sourit.

Sagesse zen

Que l'autre et soi-
même cessent de s'opposer,
c'est là le pivot du Tao
qui s'applique à l'infinité
des cas.

Zhuangzi

Il n'y a pas de chemin
vers le bonheur,
le bonheur
est le chemin.

Proverbe tibétain

Si tu peux
comprendre
l'instant qui passe,
tu as tout compris
pour toujours.

Helen Exley

Il ne faut pas s'irriter
contre les choses :
car elles n'en ont
nul souci.

Marc Aurèle, *Pensées*
à moi-même (IIe siècle)

LE MONDE, C'EST TOI, ET RIEN D'AUTRE.

Hsueh-Feng

Sage est celui qui ne s'afflige pas de ce qui lui manque et se satisfait de ce qu'il possède.

Démocrite

Ne vous laissez pas décourager par l'idée que certaines personnes seulement peuvent atteindre les sommets. Ce que d'autres font ou ont fait, vous aussi pouvez le faire.

Swami Ramdas

Il est bien peu de monstres qui méritent la peur que nous en avons.

André Gide, *Les Nouvelles Nourritures* (1935)

Pareils à une jolie fleur aux exquises couleurs qui ne dégage aucun parfum, les mots que l'on prononce sont bien futiles si on ne sait pas les traduire en actes.

Dhammapada

Le zen, c'est garder l'esprit dans l'état antérieur à la pensée.

Seung Sahn

Il ne faut pas pleurer pour ce qui n'est plus mais être heureux pour ce qui a été.

Marguerite Yourcenar

La joie fait venir le bonheur,
le mécontentement et
l'insatisfaction le font fuir.
Un cœur joyeux permet de créer
autour de soi toujours plus de
lumière et de renouveau.

Matsumoto Jitsudo

SI VOUS PRÉSERVEZ VOTRE ESPRIT DE TOUT JUGEMENT ET N'ÊTES PAS ESCLAVES DE VOS SENS, VOTRE CŒUR TROUVERA LA PAIX.

Tao-tö-king (« Le Livre de la Voie et de la Vertu »)

SACHE-LE : LA FORCE EST EN TOI, DANS TON CŒUR ET DANS TON CORPS. CROIS EN TOI, CROIS EN LES AUTRES !

Sœur Emmanuelle

13

Votre vie quotidienne est votre temple et votre religion. Lorsque vous y entrez prenez-y tout votre être.

Khalil Gibran, *Le Prophète* (1923)

Être conscient d'exister est le secret qui met l'existence en pleine lumière, qui amène au pouvoir de concentration et conduit la sagesse à porter ses fruits. Être conscient d'exister est la colonne vertébrale de la philosophie zen.

Thich Nhat Hanh

Ceux qui se hâtent n'arrivent jamais.

Parole zen

Apprendre à se connaître, c'est s'oublier. S'oublier, c'est être éclairé par toute chose dans le monde. Être éclairé par toute chose, c'est abandonner son corps et son esprit.

Dôgen

Si vous ne faites pas face à votre ombre, elle vous viendra sous la forme de votre destin.

Carl Gustav Jung

Par-dessus tout soyez intéressé par vous-même, soyez avec vous-même, aimez-vous vous-même ; la sécurité ultime se trouve seulement dans la connaissance de soi. Soyez honnête avec vous-même et rien ne vous trahira.

Nisargadatta Maharaj

J'ai vécu plus de cinquante ans, flottant sur la mer de la naissance et de la mort. Il n'y a rien à attraper.

Shinetsu

Le respect et l'honneur n'ont aucune signification s'ils vous éloignent de votre nature. Que pouvez-vous faire si vous n'êtes pas une rose mais juste une pâquerette ? Appréciez et soyez une pâquerette.

Osho

CE QUI ÉTAIT PARTIEL DEVIENT COMPLET, DROIT CE QUI ÉTAIT TORDU, PLEIN CE QUI ÉTAIT VIDE, NEUF CE QUI ÉTAIT USÉ. CELUI QUI DÉSIRE PEU EST EXAUCÉ, CELUI QUI DÉSIRE BEAUCOUP SE PERD EN CHEMIN.

Lao Tseu

La seule liberté dont nous disposions est de devenir conscient de ce que nous sommes en réalité. C'est la seule liberté que nous ayons. Il n'y pas d'autre liberté…

Jean Klein

Le zen n'est pas une forme d'excitation, mais la concentration sur notre routine quotidienne.

Shunryu Suzuki

Un instant est l'éternité ; l'éternité, c'est maintenant…

Wumen Huikai

CRÉDITS PHOTOGRAPHIQUES

Toutes les photographies de cet ouvrage sont de l'agence Fotolia, (excepté pages 19, 43, 45, 49, 59, 111, 123, 147, 153, 173, 193, 217, 219, 241, 247, 261, 269, 327, 361, 363, 365, 377, 405 : iStockphoto ; et pages 97, 119, 163, 245, 379 : C. et M. Pellé).

Achevé d'imprimer en juillet 2011
Imprimé en Chine